希望について

続・三木清『人生論ノート』を読む

岸見一郎
KISHIMI Ichiro

白澤社

〈凡例〉

一、本書で取りあげた『人生論ノート』からの引用については、旧漢字は新漢字に、旧仮名遣いは新仮名遣いに置きかえ、適宜ルビを補った。

一、『人生論ノート』からの引用の出典注には、新潮文庫（一〇七刷）の頁数を入れ、新潮文庫、○頁と略記した。

一、三木の他の著作で参照したのは、主に以下の文献である。『三木清全集』全二十巻（岩波書店）、『哲学入門』（岩波新書、一九八四）、『パスカルにおける人間の研究』（岩波文庫、一九八〇）、『読書と人生』（講談社文芸文庫、二〇一三）。

一、これらの『人生論ノート』以外の三木の著作からの引用についても、旧漢字は新漢字に、旧仮名遣いは新仮名遣いに置きかえ、適宜ルビを補った。

一、『三木清全集』（岩波書店）からの引用の出典注は、全集第○巻と略記した。

一、本書の脚注・章末注およびコラムは、白澤社編集部が作成した。

希望について――続・三木清「人生論ノート」を読む＊目次

序——希望の人、三木清

春はまだ遠い。けれども我々は希望を棄ててはならない。希望は徳である。希望を持つということの大きな徳であることが今日ほど忘れられている時代はないのである。——三木清

（全集第十六巻、一〇五頁。一九三六年三月三日掲載のコラム「詩の復活」より）

希望の人、三木清

今年（二〇一七年）、生誕百二十周年をむかえた哲学者・三木清がふたたび注目を集めつつあります。昭和戦前・戦中期に活躍し膨大な著作を残した三木清ですが、戦後は、『人生論ノート』、『読書と人生』などの随筆だけが、処女作『パスカルにおける人間の研究』（岩波文庫）を例外として、読み継がれていたと言って過言ではないでしょう。しかし、最近では大澤聡氏の編による『三木清教養論集』（講談社文芸文庫、二〇一六）、『三木清大学論集』（同、二〇一七）が刊行され、NHK・

Eテレ「100分de名著」でも『人生論ノート』が取り上げられました（二〇一七年四月放映）。私の小著『三木清『人生論ノート』を読む』も、深い関心をもって読んでくださる読者にめぐりあい、続編をという版元の要望にこたえることになりました。

前著『三木清『人生論ノート』を読む』は、人間関係論という視点から、幸福とはなにかというテーマを念頭に置いて、三木の『人生論ノート』から興味深い断章をとりあげ、私なりの解釈を試みたものです。

今回、三木の書いたものを読み返してあらためて感じたことは、三木清という人がたぐいまれな希望の人であったということです。三木は不安や危機というテーマをたびたび取り上げていますが、その議論に悲観的なトーンはなく、つねに不安をどう克服するか、危機的状況をいかに乗り越えるかといった前向きの提言を試みています。

この姿勢は若いころから一貫していたようで、学生時代の草稿『語られざる哲学』には「私は未来へのよき希望を失うことが出来なかった」(1)と書いています。希望を失わなかった、ではなく、希望を失うことができなかったというところに、三木の人となりをうかがうことができるでしょう。

運のわるい男

つねに希望を失わなかった三木ですが、その人生は決して順風満帆とはいえないものでした。それどころか、三木を知る人から「運のわるい男」[2]と評されるほど幾度も挫折を経験しています。

若いころには失恋もしていますし、京大始まって以来の秀才とうたわれながら母校の教職に就くことができず、就職した法政大学教授の職も治安維持法違反で検挙されたために失いました。おまけに拘禁されているあいだにかつての知人たちから一方的な批判を浴び、その後、ジャーナリズムで評論家として活躍しはじめてからも政府の言論統制のために思うような執筆活動ができず、ついには軍部ににらまれて主要雑誌への寄稿ができなくなりました。私生活では最初の妻にも、再婚した妻にも先立たれ、あげくのはてには友人をかばって逮捕され、執筆中の主著を完成させることのできないまま獄死してしまいました。

三木の人生は、三木自身が語ったように「世間で普通に考えるような立身出世」コースではなく「特殊な運命」[3]としか言いようのない波乱にとんだ、見ようによっては挫折の連続というべきものでした。けれども、三木は幾度も難局にぶつかりながらも、あきらめなかった。希望を捨てなかった。希望を失うことができなかったのです。

京大に就職できないことになると、東京に出て法政大学に職を得、教職を失うとジャーナリズムに転じ、ジャーナリズムでの執筆活動が難しくなると、哲学研究に沈潜し、といった具合に、つねに新しいことに取り組み続けました。早すぎる晩年においても、獄死によって中断された主著『構想力の論理』の続編は「言語」をテーマにすると公表していましたし、遺稿からは未完成の親鸞論が見つかったので宗教哲学にも取り組む予定だったのでしょう。

そして、一九三八年から雑誌『文学界』に断続的に連載してきた『人生論ノート』も、一九四一年十一月に発表した「希望について」で終わっていますが、三木自身はこの続きを書き継ぐ気持ちをもっていたようです。

あきらめない、希望を捨てない哲学者・三木清は、「心に希望さえあれば、人間はどんな苦難にも堪えてゆくことができる」[4]と自ら言っていたように、つねに前を向いて仕事を続けていました。

人生は運命なのである

希望の人、三木清の書いた「希望について」は、人生と運命についての文章から始まります。

> 人生においては何事も偶然である。しかしまた人生においては何事も必然である。このような人生を我々は運命と称している。もし一切が必然であるなら運命というものは考えられないであろう。だがもし一切が偶然であるなら運命というものはまた考えられないであろう。偶然のものが必然の、必然のものが偶然の意味をもっている故に、人生は運命なのである。（新潮文庫、一四五頁）

人生は運命であると三木が言うときの「運命」という言葉には特別な意味が込められています。ふつう、運命というと、こうなるよりほかにどうしようもなかったのだという、あきらめの心境を述べるときに「運命を受け入れる」と言ったり、一目ぼれした相手を形容して「運命の人にめぐりあった」と言ったりします。いずれも自分の選択や行動にかかわらず、あらかじめそうなるべく決まっていたのだ、つまり必然だったのだというニュアンスで使います(5)。

ところが三木は、人生においては何事にも必然と偶然の両面があり、それを運命と呼ぶのだと言います。三木が言う、すべてが偶然であれば運命というものはないし、逆にすべてが必然であっても運命というものはないというのは、矛盾しているようだけれども、人生の経験則として考えると実感できるものがあります。

すべてが必然的に決まっていたるのだとしたら人生は面白くないし、まったくの偶然だと思っていたけれども、あとからふりかえってみたら、因果関係があったのだなと気づいて、運命を感じるというものではないでしょうか。

あのときのあの人の出会いが今に結びついているということは往々にしてありますが、そのときにはそれが大切な出会いだとはわからないこともあります。

私が学生だったとき、田中美知太郎『哲学入門』（現在は講談社学術文庫）を読んでいたら、後輩から「何を読んでいるのですか」と尋ねられました。そこで、こういう本を読んでいると後輩に見せたところ、その本の解説を森進一先生(6)が書かれていたのですが、その後輩が、僕の親父は森先生の友人だというのです。

当時、私はギリシア語の先生を探していたところでした。これはチャンスだと思って「君のお父さんから、森先生に紹介してもらえないだろうか」と頼み、その一週間後には森先生の書斎のソファにすわっていました。あの時、もし後輩に話しかけられなかったらその出会いはなかったわけですから、そこに運命的なものを感じます。

一方、アドラー(7)であれば、運命を一切認めないので、あくまでも運命を信じたい人がいるという理解になります。運命を信じるのは決断するための一つの意味づけだと考えます。出会った人を、この人が運命の人だと思えるから一歩ふみだせるということはあるでしょう。そうであれば、運命を認めることにも積極的な意味があることになります。

運命だからこそ自由がある

すべては自然界の法則のようにあらかじめ決まっているのだから、自分が何をしようが結果は同じなのだと考えたら、将来に希望も持てないし、努力もしないでしょう。反対に、すべてが偶然であると考えたら、明日の天気どころか一瞬のあとに何が起こるかもわからないので、そうなると自分があああすればこういう結果が出るはずだという見通しも得られないし、将来の計画の立てようもないから、やはり希望は持てないし、努力をする気にもならないでしょう。

自分の選択を占いに頼る人がいます。すべてが必然で、あらゆる事柄はあらかじめ決まっていて、占い師に聞けばそれを教えてくれるとでも思っているのでしょうか。

いまつきあっている人と結婚できるかどうかを、占い師に聞いてきたという人がいました。占いの結果、将来、その人と結婚できると決まっていたらもう努力しなくてよいのだし、結婚できないと決まっていたらもう何もしないでおこうというのでしょうか。いずれにしてもなにもしないことになります。

占ってもらった結果はどうだったかというと、いまおつきあいしている人とは結婚できないでしょうと言われたそうです。そこで私は「あなたはどうしたいの?」と尋ねました。占いの結果はそうだったとしても、あなたが結婚したいと思うならそうなるように頑張ろうよという話をしました。もし占いの結果が結婚できるというものだったら、きっとあなたは結婚するための努力をしないだろう。努力をしなければその人とは結ばれない。でも、実際にはそういう結果にならなかったのだからよかったではないかという話をしたのです。

この人の場合、結婚をするかしないかは自分と相手との関係の問題なのに、運命のせいにして、占いに頼ろうとしていました。けれども、占い師のお告げが「結婚できる」でも「結婚できない」でも、いずれの場合も必然だと受けとめてしまったら、結婚のために何もしないことになったでしょう。あるいは、占い師もそれを見抜いて「結婚できないでしょう」と言ったのかもしれません。すべては必然だとあきらめてしまったらそれで終わりです。

もちろん、あの人と結婚したいと思っていてもできないこともあるでしょう。結婚にかぎらず、進学や就職、育児や介護など、人生の節目節目で、こうしたいけれどもうまくいくかどうかわからないという局面にぶつかるものです。そんなときにどうするか。

すべては運命だとあきらめて、何もしなかったら、それこそ何も変わりません。とくに人間関係については、他人との関係をよくしたり発展させたりするには自分で何とかしていかなければならないものです。

実は、三木清が「人生は運命なのである」と言っているのは、人間は自由な存在であるということを言いかえているのです。

世界に於《お》けるあらゆる必然的なものがテュケー即ちある偶然的なものの意味を有するということは、他面に於《おい》て、我々が自覚的に、自ら決意して世界のうちへ出てくることのできる自由な主体であるということを意味している。かかる自由な主体として我々は外的偶然的なもの、外的運命的なものを内的必然的なもの、内的運命的なものに変じてゆく。これによって人間は世界を自己の表現となし、真に現実的に自由なものとなるのである。(「ヒューマニズムの哲学的基礎」より、全集第五巻、一七四頁)

自然界の出来事はすべて自然法則に従う必然的なものなのに、人間には偶然の出来事のように感じられることがある、ということは、人間は必然性の支配する自然界から相対的に自律しているということです。そこに人間の自由がある。自由な存在である人間が、自由にはならない世界にはたらきかけることで、思いを現実にしていく、それこそが真の自由だということです。

人間は自由な存在として、ああしたいとか、こうすべきだとか考えます。けれども、現実は何事も思ったようにできるわけではありません。たとえば、空を飛びたいと思っても、鳥のように翼のない人間は空を飛べるようにはできていません。でも、そこであきらめてしまったらおしまいです。そこで、人間は、どうしたら空を飛べるようになるのかと考えて、自然の法則、自然界の必然性を利用して飛行機を発明したのです。

三木のいう運命とは、人間は、自分の願望や期待だけではどうにもならない現実の必然性や予想もしなかった偶然を、自分の思いを実現する材料や道具として働きかける、その意味で自由な存在であることを運命づけられているということです。フランスの哲学者J・P・サルトルは「人間は自由の刑に処せられている」と言いましたが、三木も同じような人間認識に立っています。(8)

人生は希望である

三木は、人生と希望について次のように言っています。

> 人生は運命であるように、人生は希望である。運命的な存在である人間にとって生きていることは希望を持っていることである。（新潮文庫、一四五頁）

三木は楽天的な考えから、人生は希望だと言っているのではありません。人生が運命であるように、人生は希望なのです。自分の願望や期待だけではどうにもならない現実にはたらきかけていく運命を人間はもっている。そもそも人が生きていくとはそういうことではないか。そうだとすれば、人が生きるとは、希望をもつことに他ならない。人は生きている以上、本当の意味で希望を失うことはできない。だから「人生は希望である」。

三木の言うことはとてもリアルなことだと感じられます。実感をもって読める一節です。

『文学界』誌での「人生論ノート」の連載が「希望について」で終わったのは、三木にとっては、「中央公論」誌に掲載した「戦時認識の基調」が軍部に目をつけられて、という偶然の結果ですが、この偶然が必然のように感じられるほど、「希望について」は、三木の人間観をはっきりと表しています。

思い通りにならない現実に対して、あくまで希望を失わずにかかわっていく三木清の奮闘をイメージしながら、『人生論ノート』の章のいくつかを読んでいくことにしましょう。

〈注〉

（1）「或《あるい》はもっと通俗的な言葉を用いるならば、良心と理想との存在とそれの現実の規定力との確信が私が云わんとする当のものである。一度この確信が私の心に生れて以来、私は未来へのよき希望を失うことが出来なかった。」（全集第十八巻、二一一頁）。

（2）林達夫「三木清の想い出」より。「三木は私から見ると実に運のわるい男であった。運がひらけそうな瀬戸際に来るといつもへまばかりやる廻り合せになっていた。」（『林達夫セレクション3』平凡社ライブラリー、三五九頁）。
（3）「幼き者の為に」全集第十九巻、一〇九頁。
（4）「心に希望を」全集第十六巻、四五八頁。
（5）「運命は普通に必然性の別名の如《ごと》く考えられている。けれども必然性と考えらるべきは却《かえ》って世界、人間がそのうちに投げ出されている世界である」。三木「シェストフ的不安」より。全集第十一巻四〇七頁。
（6）森進一（一九二二―二〇〇五）、哲学者（古代ギリシア哲学専攻）。著書に『ホメロス物語 イリアス・オデュッセイア』（岩波ジュニア新書）など、訳書にプラトン『法律』（岩波文庫）、『饗宴』新潮文庫、テオプラストス『人さまざま』（岩波文庫）など。
（7）アルフレッド・アドラー（一八七〇―一九三七）はオーストリアの心理学者・精神科医。概説書として岸見一郎『アドラー 人生を生き抜く心理学』（NHKブックス、二〇一〇）など。アドラーの運命観については岸見一郎・古賀史健『幸せになる勇気』（ダイヤモンド社、二〇一六）第五部参照。
（8）サルトル『実存主義とは何か』参照。三木の運命概念については『歴史哲学』第一章四（全集第六巻）、『哲学的人間学』第三章四（全集第十八巻）も参照。

▼コラム1▲

エッセイというスタイル

『人生論ノート』の最初の三篇、「死について」、「幸福について」、「懐疑について」には、パスカルの名前がくり返しでてくる。『人生論ノート』を書きはじめるにあたって、三木がパスカル『パンセ』のようなモラリスト的エッセイを念頭に置いていただろうことは明らかである。

モラリストとは、人間習俗の観察をもとにすぐれた考察を書いたフランスの著作家たちのこと。モラリスト的エッセイには、『パンセ』のほかに、モンテーニュ『エセー』、ラ・ロシュフーコー『箴言』、ラ・ブリュイエール『カラクテール』など。いずれも『人生論ノート』に言及がある。

三木の評論「自照の文学」ではモラリストについて次のように述べられている。

> フランス語のモラリテという言葉はそのような具体的な、肉体的な、生そのものであるような心理を表わすのに適切なようだ。そういう心理について特に深く考察した人はフランスではモラリストと呼ばれている。モラリストたちは殆《ほとん》ど皆エセエを書いている。人間の心を最も深く掘り下げた彼等がその研究をエセエの形で表現したことを見ると、断片性ということは主体的な生の根本的性格であるように思われる。（全集第十二巻、二五～二六頁）。

ところで、三木が『人生論ノート』をモラリスト的エッセイ、すなわち随筆という形式で書き始めたことは、自由というテーマを考えると、興味深いものがある。一九三八年に『人生論ノート』の連載を始める前、一九三五年に次のようなことを書いている。

> 近年我が国は随筆時代をもった。それはマルクス主義の流行が種々の原因から衰えるに従っ

てやってきた。社会科学書の後に随筆書の流行が続いた。多少とも名を知られた者は誰でも随筆らしいものを書き、もしくは書かされた。このような随筆流行が我が国の随筆文学の発達にどれほど貢献したか問題であるが、確実に云い得ることは、このような随筆流行が思想の弾圧と共に生じてきたということである。

そうだとすれば、今日なお、寧《むし》ろ今日益々《ますます》随筆時代が来ているとしても、不思議はないであろう。言論の抑圧のために、ひとは甚だ屡々《しばしば》随筆的に書くことを余儀なくされている。単にかくの如き外的事情によってのみでなく、最近インテリゲンチャの内的な思想的困惑の結果、思想そのものが随筆的となっている。更にこの頃流行の日本主義は、思想と云い得るほど組織的なものを有せず、それ自体もともと随筆的である。かくて日本人に伝統的な随筆趣味に助けられて、随筆として書かれたのでない文章までもが著しく随筆的傾向を有するに至っている。（「随筆時代」より。全集第十六巻、五六八頁）。

この文章が書かれた一九三五年には、天皇機関説事件が起こり、法学者・美濃部達吉の主著が発禁になり、美濃部は貴族院議員を辞職している。その三年後、三木は自ら随筆・エッセイの形式をとった『人生論ノート』を書き出すことになったのである。

これはつまり、三木自身が書きたいことを書きたいように書いているのではなく、政府や軍の言論統制に引っかからないように、あの手この手の工夫をしているということである。しかしなかなか難しかったようで、実際、一九三八年三月七日の日記には「この頃何だか書きにくくて面白いものができなくて困る。いっそやめてしまおうかと、時々考える」（全集第十九巻、一九九頁）、とこぼしている。

三木の『人生論ノート』は、モラリストが理想としたように自由に思考し、自由に表現しようとしても、それが許されない時代に、モラリスト的エッセイに範をあおいで書き綴られたものなのである。

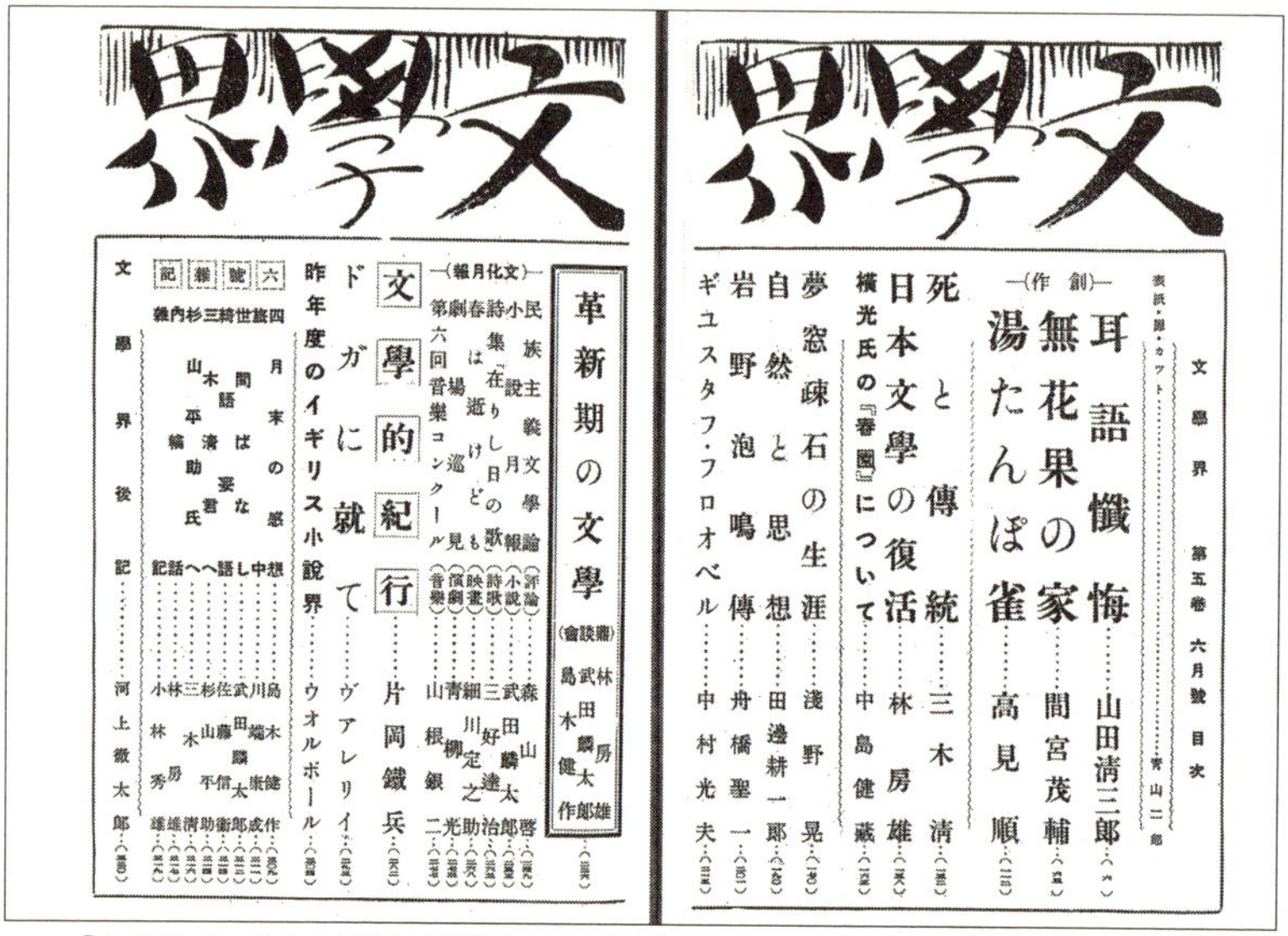

文學界　第五巻　六月號　目次

表紙・扉・カット……青山二郎

―（創作）―

耳語懺悔……山田清三郎

無花果の家……間宮茂輔

湯たんぽ雀……高見順

死と傳統……三木清

日本文學の復活……林房雄

横光氏の『春園』について……中島健藏

夢窓疎石の生涯……淺野晃

自然と思想……田邊耕一郎

岩野泡鳴傳……舟橋聖一

ギュスタフ・フロオベル……中村光夫

革新期の文學（鼎談會）……林房雄・武田麟太郎・島木健作

文學的紀行……片岡鐵兵

ドガに就て……ヴァレリイ

昨年度のイギリス小説界……ウォルポール

―（文化月報）―

民族主義文學論（評論）……森山啓

小説月報（小説）……武田麟太郎

詩集「在りし日の歌」（詩歌）……三好達治

春は逝けども（映畫）……細川定之助

劇場巡見（演劇）……青柳光

第六回音樂コンクール（音樂）……山根銀二

六號雜記

四月末の感想……島木健作

旅中……川端康成

世間ばなし……武田麟太郎

綺語……佐藤信衛

三木清君へ……杉山平助

杉山平助氏へ……三木清

内輪話……林房雄

雜記……小林秀雄

文學界後記……河上徹太郎

「人生論ノート」の連載が開始された『文學界』1938（昭和13）年6月号の目次
初回のテーマは「死と伝統」

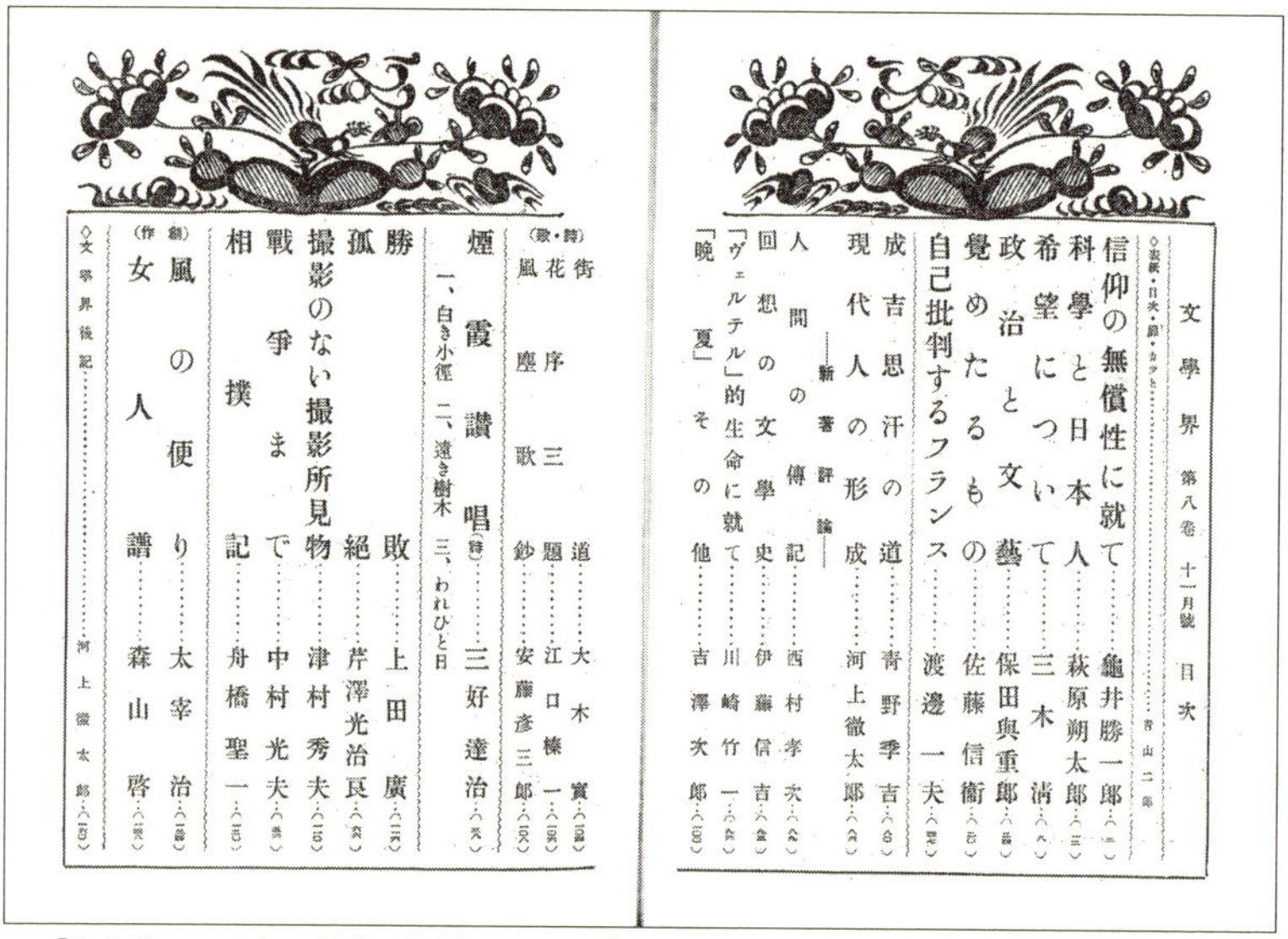

文學界　第八巻　十一月號　目次

◇表紙・目次・扉・カット……青山二郎

信仰の無償性に就て……龜井勝一郎

科學と日本人……萩原朔太郎

希望について……三木清

政治と文藝……保田與重郎

覺めたるもの……佐藤信衛

自己批判するフランス……渡邊一夫

成吉思汗の道……青野季吉

現代人の形成……河上徹太郎

―新著評論―

人間の傳記……西村孝次

回想の文學史……伊藤信吉

「ヴェルテル」的生命に就て……川崎竹一

「晩夏」その他……吉澤次郎

（詩・歌）

街道……大木實

花序三題……江口榛一

風塵歌鈔……安藤彦三郎

煙霞讀唱（詩）……三好達治

一、白き小徑　二、遠き樹木　三、われひと日

勝敗……上田廣

孤絶……芹澤光治良

撮影のない撮影所見物……津村秀夫

戰爭まで……中村光夫

相撲記……舟橋聖一

（創作）

風の便り……太宰治

女人譜……森山啓

◇文學界後記……河上徹太郎

「人生論ノート」の最後の掲載となった『文學界』1941（昭和16）年11月号の目次
最後のテーマは「希望について」

1　知性の自由――「懐疑について」を読む

知性の自由は懐疑のうちにある

三木清にとって希望とは、人間が自由な存在であることを前提にしていました。あるいは希望とは自由の別名であると言ってもよいかもしれません。この自由とは、なんでも思いのままにできるということではなく、自分の思いのままにならない必然や偶然を利用して、自分の願いをかなえていく知的で創造的な活動のことです。そのような自由の発露として、三木は懐疑のはたらきを挙げます。

人間的な知性の自由はさしあたり懐疑のうちにある。自由人といわれる者で懐疑的でなかったような人を私は知らない。あの honnête homme（真人間）*といわれた者にはみな懐疑的なところがあったし、そしてそれは自由人を意味したのである。（新潮文庫、一二六頁）

* honnête homme（真人間）は、三木『パスカルにおける人間の研究』では「正しき人間」と書かれ、「彼は自己及び他人についてその在るがままの態を隠すところなく見、かつこれを語る人間である。彼は自己の無知、欠陥、悲惨を話すことを恐れないように、他人のこれらのものを彼らに告げることを憚らない。彼は人間の存在を正しく諦視し、その諦視したところを正直に伝える者である」としている（岩波文庫、三六頁）。

精神のオートマティズム

人間的な知性の自由は懐疑のうちにあるとする「懐疑について」には「精神のオートマティズム」という言葉が出てきます。

この「懐疑について」の章は、もともと『文学界』誌に掲載されたときには「懐疑と独断」という題名でした。知性の自由を拒むものが独断です。独断に対して、懐疑がその力を発揮することを三木は「精神のオートマティズムを破る」と言ったのです。

精神の習慣性を破るものが懐疑である。精神が習慣的になるということは精神のうちに自然が流れ込んでいることを意味している。*懐疑は精神のオートマティズムを破るものとして既に自然に対する知性の勝利を現わしている。（新潮文庫、三二一～三三頁）

精神のオートマティズム、精神の習慣性とは、これはこういうものなのだと機械的に結論を出してしまう傾向、世間一般で言われていることを鵜呑みにしてしまう傾向のことを指しています。

政治家などはこの精神のオートマティズムに陥っているのではないかと思われるよ

＊フランスの哲学者ラヴェッソン『習慣論』（邦訳は岩波文庫）を念頭に置いている。三木は『哲学的人間学』でラヴェッソンの説を祖述している。章末注1参照。

うなことをよく言います。たとえば、個人の幸福は全体の幸福から離れては存在しない、一人だけでは幸福にはなれない、と。そう言われたら、そうかもしれないなと思いますね。いや、そんなことはないと言えば「利己主義」**だと非難される。皆が幸福にならなければ、自身の幸福もないというのは、正論なのでしょう。けれども、だから個人の幸福よりも全体の幸福を優先しなければならない、と結論づけるのは全く別の話です。そこにはすり替えがあります。

ここで懐疑の精神を発揮してみましょう。はたして個人の幸福に優先する全体の幸福はあるのか？　家庭でも、職場でも、地域でも、わかりやすいまとまりを思い浮かべてみてください。誰かが、たとえばあなた自身が、自分の幸福追求をあきらめて、我慢することで成り立つ全体とはなんなのか。

家族のなかで私さえ我慢すればみんなが幸せになれる、職場で自分が犠牲になれば……、などと思ってがんばっている人もいるでしょう。けれども、その全体にあなた自身が含まれていなければ、ほんとうの全体ではありません。家族全員、職場全員が集まるときに一人でも足りなければ全員とは言えないでしょう。誰かが犠牲になって実現する全体の幸福とはおかしな話です。

全体の幸福が個人の幸福に優先するとは、しょせんは多数者の利益のために少数者の利益を無視することの言い換えにすぎません。悪しきレトリックの典型です。政治

＊＊『人生論ノート』には「利己主義について」の章がある。本書第５章参照。

家はこうした詭弁を使って、自分たちの都合のよい政策に人々を誘導しようとします。
全体より個人をというと、自分さえよければいいと思うエゴイズムだと非難する人もいますが、とんだまちがいです。むしろ、自分すら幸せになれないで、いったい誰が幸せになれるのか。結論は通説の逆になります。

独断家は知性の敗北主義者である

はたしてそうだろうかと疑ってもみずに、たとえば、全体の幸福を優先するのがあたりまえと結論するのは独断です。三木は独断家を「知性の敗北主義者*」だといいます。

*三木はコラム「政治の貧困」、「思想の不信」に、現実主義とは敗北主義であると書いている。章末注2参照。

真の懐疑家は論理を追求する。しかるに独断家は全く論証しないか、ただ形式的に論証するのみである。独断家は甚《はなは》だしばしば敗北主義者、知性の敗北主義者である。彼は外見に現われるほど決して強くはない、彼は他人に対しても自己に対しても強がらねばならぬ必要を感じるほど弱いのである。（新潮文庫、三一頁）

独断家は考えることをあきらめている、だから判断はできないはずなのに、安易な結論に飛びついてそれをふりかざす。独断家が歯切れよくスローガンを唱えるのは、虚栄による強がりなのです。

威勢のよいことを言う人は実は弱い。「彼は他人に対しても自己に対しても強がらねばならぬ必要を感じるほど弱い」という三木の指摘は実に具体的です。

無能な上司は部下を理不尽に叱りつけます。自分の仕事に自信のある上司は、部下を叱りつけたりしませんが、自分が無能であることを部下に見透かされそうになる、あるいはすでに見透かされていると思った上司は、仕事ではないところで部下を理不尽に叱りつけることがあります。

偉そうにふるまうのは劣等感の裏返しであることが多い。部下が「このやり方でいいんですか」とか「どうしてそういうことをするんですか」と言おうものなら、無能な上司は、たちまち叱りつけます。自分の仕事に自信がないからです。

政治家にもそういう人がいます。国会中継などを見ていると、いまの政治家のなかには、感情的な怒り方をする人がいます。ヤジの飛ばし方も下品です。そういう人ほど尊大にふるまう。あれも自分の政策に自信がないからなのかもしれません。三木が「独断家は甚だしばしば敗北主義者、知性の敗北主義者である」と言うとおり、知性的とは言えません。

懐疑家の表情は渋面ばかりではない

懐疑家といえば、あれもこれも疑わしいとして自分では何ら判断をくださない、消極的なイメージがどうしてもあるようです。

しかし、三木が真の懐疑家と考える人は、むしろ明るくポジティブなイメージです。

懐疑は知性の徳として人間精神を浄化する。ちょうど泣くことが生理的に我々の感情を浄化するように。しかし懐疑そのものは泣くことに類するよりも笑うことに類するであろう。笑は動物にはない人間的な表情であるとすれば、懐疑と笑との間に類似が存在するのは自然である。笑も我々の感情を浄化することができる。懐疑家の表情は渋面ばかりではない。知性に固有な快活さを有しない懐疑は真の懐疑ではないであろう。（新潮文庫、二六〜二七頁）

シニカルな懐疑主義者は真の懐疑家ではなく、真の懐疑家にとっては懐疑とは知性の自由な活動なのだから、それは喜ばしいものでもあるはずだということでしょう。

もちろん、三木も懐疑のネガティブな側面を忘れているわけではありません。懐疑は無限の探究だとする一方で、三木は懐疑には方法が必要だという趣旨のことを言っています。モンテーニュを引き合いに出して、懐疑には節度が必要だとも言います*。つまり、懐疑そのものがいけないのではなく、懐疑のしかたの問題だと言います。懐疑が堂々巡りをしてしまって、真理を追究するために疑うのではなく、疑うために疑うようになってしまうと、世の中に信用できる知識は何一つないという不可知論に陥ってしまいます。

懐疑が知性の徳であるためには節度がなければならぬ。一般に思想家の節度というものが問題である。モンテーニュの最大の智慧は懐疑において節度があるということであった。また実に、節度を知らないような懐疑は真の懐疑ではないであろう。度を越えた懐疑は純粋に懐疑に止まっているのでなく、一つの哲学説としての懐疑論**になっているか、それとも懐疑の神秘化、宗教化に陥っているのである。そのいずれもはや懐疑ではなく、一つの独断である。（新潮文庫、二六頁）

すべての知識が信用できないとすると、何を考えても無駄なので考えることをやめてしまう。これも知性の敗北主義者です。すべてのことにシニカルな態度をとる懐疑主義者、あるいは考えても無駄だと現実に居直る独断家、三木の批判はこうしたシニシズムに向けられています。

＊ミシェル・ド・モンテーニュ（一五三三―一五九二）はフランスの文人。『エセー』に引かれた「われ何をか知る」という標語は有名。モンテーニュの懐疑について三木は「新しい人間の哲学」（全集第十巻）で触れている。章末注3を参照。

＊＊懐疑論、懐疑主義ともいう。三木によれば、懐疑主義は自分の立場だけは疑えない（それも疑ったら懐疑主義の主張が成立しない）という矛盾を持っている。この矛盾を棚上げにしている以上、それは独断主義の一種である、としている。（全集十三巻、三九九頁）

懐疑は無限の探究にほかならぬ

さて、「人間的な知性の自由はさしあたり懐疑のうちにある」とすれば、懐疑の精神は自由な精神のことです。三木は懐疑の精神の体現者として、古代ギリシアの哲学者ソクラテス*を挙げます。

> 真の懐疑家はソフィスト**ではなくてソクラテスであった。ソクラテスは懐疑が無限の探究にほかならぬことを示した。その彼はまた真の悲劇家は真の喜劇家であることを示したのである。（新潮文庫、二七頁）

ソフィストとは、古代ギリシアの知識人たち、職業的な教師たちのことです。彼らはお金をとってもっぱら弁論術を教えていた。たとえば、絶対に訴訟に勝てる議論のしかたなどを教えていたようです。

現代でも、どうすればお金儲けができるか、どうすれば事業で成功するかといったセミナーなどが開かれることは多い。お金儲けをしたら幸福になれると独断的に思っているわけです。あるいは、そう思っている人がセミナーに集まる。そういう人たちからたくさんお金を取って、レトリックを教える。結局、いちばん儲かっているのは

＊ソクラテス（前四六九―前三九九）古代ギリシアの哲学者。三木は「ソクラテス」（全集第九巻所収）を書いている。

＊＊三木によれば「ソフィストは当時のギリシアの「現代的文化」の啓蒙運動と結び付き、新しい教育の要求に応じて現われたところの教師、グロートの語を借れば、"Professors or Public Teachers"である。彼等は哲学者というよりも教育家であった。民主政治はつねにより高い教育を要求する、なぜならそれなしにはそこでは政治的成功は不可能であるから。紀元前五世紀のアテナイにおい

セミナーの主催者ではないでしょうか。レトリックと言っても文学的な表現のことではなく、現代でいえばディベートの技術のようなものです。弱論を強弁する、相手を言い負かすテクニックを教える。そういう技術を身につけ成功したら、幸せになれるという独断家がソフィストです。

一つ、おかしな例を挙げましょう。ある人がソフィストの生徒になって、絶対に訴訟に負けない弁論術を教わったのに授業料を払わなかった。ソフィストは生徒に授業料を払うようにと訴訟を起こした。

ソフィストは次のように主張します。「私が訴訟に勝ったら、生徒は授業料を払うべきだ。もし私が生徒に敗訴したら、それこそ自分の教えた技術は正しかった証拠なのだから、やはり授業料を払うべきだ」。勝っても負けても授業料をもらえるはずだと言い張ったのです。***

議論の勝ち負けだけを追求するとこんなおかしなことが起こるという例です。語られていることが真実かどうか、道理にかなうことかどうかなど、どうでもよくなってしまう。

これに対して三木が、彼こそ「真の懐疑家」だと言っているソクラテスは、勝つための議論をしたわけではありません。ソクラテスが出てくるプラトン****の対話篇などを見ると、結局結論に至らずに終わっていることがよくあります。「哲学者」という言葉

ては組織された高等教育は存在せず、人々はソフィストの周囲に集まった。（中略）彼は華麗な言葉で、一般的な関心のある問題について、聴講料をとって、彼の技術を開陳した。」（全集第九巻、三五一～三五二頁）

***ディオゲネス・ラエルティオス『ギリシア哲学者列伝』第九巻第七章「プロタゴラス」のエピソードより。

****プラトン（前四二七―前三四七）はソクラテスの高弟でソクラテスを登場人物とする多くの対話篇を書いた。著書に『パイドン』『饗宴』『国家』『ティマイオス』など。三木

の本当の意味は、愛知者、知を愛する人、知を探究する人ですから、その探究がどこかで終わるはずはない、無限なのです。

「無知の知」は完全なる知を前提にしている

ソクラテスは「無知の知」という言い方をしますが、これは無知に居直っているのではありません。知らないことを知っているとは全知を前提にしている。完全なる知を前提としているから、私は何も知らない、と言います。知らないと言うためには、知識が必要です。*

私がまだ初学者だったころのことです。先輩たちがプラトンのテキストを一所懸命読んでどんな議論をしているのかを聞いたら、どこそこに書いてあるギリシア語は読めない、ということを証明しようとしているのです。これは先輩たちが不勉強だったからわからないということではありません。ある語や文が読めないことがわかるためには、ほかの語や文を読める知識がなければなりません。

初めて外国語を学ぶ時のことを考えてみてください。会話を聞いても、文章を読んでも、まったく意味がわからないでしょう。文法的におかしいとか、単語の意味が間違っているとか、そういうことに気づけるようになるには、ある程度、勉強してからでないと無理です。

「ソクラテス」には「プラトンを通じてでなければ、我々はソクラテスが同時代に与えた影響の何に基くかを知ることができぬ」（全集第九巻、三七二頁）とある。

*三木「ソクラテス」より。「即ち彼〔ソクラテス〕は真の知識が如何なるものであるべきかについて健全な正確な標準を有し、従って彼及び他のすべての者がこの標準に達するまでに如何に離れているかを知っていた。」（全集第九巻、三七二頁）

私はいま韓国語の勉強を始めて、韓国語で書かれたエッセイを読んだりするのですが、わからないから調べているときに、それは間違いだといわれても、なにが正しくて何が間違いかもわからない。ある程度わかるようになって、これはおかしいな、間違いではないかなということがわかるようになってくるものです。このように知らないということがわかるためには、知っていること、少なくとも知ることができるはずだということが前提になっています。

わからないとか、知らないということを自覚するのは、無知に居直るためではありません。無知に居直るのも独断です。無知の知は探究の出発点としてこそ意味があるのです。

〈注〉

（1）『哲学的人間学』より、ラヴェッソンについて。

「習慣は「第二の自然」と云われ、機械的であると考えられる。（中略）その運動の系列を形作る一と他とは必然的に決定されている。それは自然のうちへ挿し込まれ、自然と一致する我々の部分である、それは自然そのものである。然るに全く機械的で単なる外的必然性に支配される物体は習慣というものを有しない。習慣を有し得るものは変化し得るものでなければならぬ」。「ラヴェッソンの云った如く、習慣は意志と自然との比例中項である。自然は意識のうちへ喰い入っている、併しまた自由は自然のうちへ流れ込んでいる。自然の底に自由が見られると共に意識の底に自然が見られるのである。ただ習慣を破り得るもののみが習慣を作り得る。」（全集十八巻、二〇六～二〇九頁）

（2）「政治の貧困」より。

「政治における理論も理想も今日決して不要になったのでなく、却ってその必要は増してきているのである。理論の拋棄、理想の否定は確信の喪失を現わし、敗北主義の一種であることができる。現実主義のうちに知らず識らず敗北主義が忍び込むことのないように今日特に警戒を要するのである。」（全集第十五巻、三七一頁）

「思想の不信」より。

「思想に対する不信によって現われてきた今日の現実主義こそ極めて危険なものであろう。それは政治上の無方針どころか敗北主義でさえあり得る。それは生活上のデカダンスを現わすものである。」（全集第十六巻、四二五～四二六頁）

（3）「新しい人間の哲学」より。

「彼〔モンテーニュ〕は形而上学者や神学者の説く超越的なもの、超自然的なものに対して適度な懐疑を向ける。「私に何が分っていよう。」と彼は云う。彼にとっては人間はひとつの自然であり、自然以下のものでも、自然以上のものでもない。然しこのことは、彼にとって、人間を対象的に観察することをいうのでなく、却て彼は人間を自己の生の体験における意味に従って理解する。」「彼の到達した倫理は平凡な人間の、囚われず、荒されず、強いられず、自由な、秩序ある生活であった。」（全集第十巻、三四三～三四四頁）

2　自由と束縛——「習慣について」を読む

世の中にいかに多くの奇怪な習慣が存在するか

私は、自分では特に習慣といえるようなことはないと思っていましたが、妻に言わせると、食卓だろうが、旅先だろうが、どこでも本とノートを広げて仕事を始める習慣があるのだそうです。言われてみればそうかなとも思いますが、あまり自覚はありません。このような個人のクセのような習慣もありますが、三木のいう習慣には礼儀作法や道徳のような社会的慣習も含まれます。

あのモラリストたちは世の中にいかに多くの奇怪な習慣が存在するかについてつねに語っている。そのことはいかに習慣がデカダンスに陥《おちい》り易《やす》いかを示すものである。（新潮文庫、四二頁）

奇怪な習慣と言えば、こんなことを思いだします。

私が通っていた東寺（京都市）の境内にある私学の仏教系の高校では、後ろ髪は指で挟めてはいけないという校則がありました。あの頃は長髪が流行っていた時代でしたので、私たちの高校だけが異様でした。この校則にはみんなが納得していたわけではなく、「どうして他の高校では長髪が許されているのに、僕たちだけは髪の毛を短く切らないといけないんですか？」と勇敢な仲間が先生に質問しました。先生はこう答えました。

「君たちはインドのお坊さんと一緒で、今は修行の身だから、坊主頭にしろとは言わないが、修行しているお坊さんが、質素な身なりをし頭を丸めているのと同じように、君たちも詰め襟を着て、髪の毛を短くしなければいけないんだ。髪の毛が長いと勉強に集中できない」。

そのとき私はそんなものかなと思ったのですが、今思うと何となく納得してしまった自分がすごく恥ずかしい。その学校は男子校だったのですが、女子生徒がいたら、やはり髪を短くすることを強制したのでしょうか。髪の長い女子生徒が勉強に集中できないというのは明らかにおかしいことです。

もしかすると、この規則を決めたきっかけには、なにか仏教系高校ならではの意味があったのかもしれませんが、やがてそれは忘れられ、機械的に反復され、奇怪な習慣になったのでしょう。

習慣はデカダンスに陥りやすい

奇怪な習慣の存在は「いかに習慣がデカダンスに陥り易いかを示すものである」と三木は指摘しています。デカダンス*とは退廃のことですが、三木は必ずしも道徳的退廃のことだけに限っていません。むしろ、精神を失って形骸化したありさまをさしているようです。

デカダンスは情念の不定な過剰であるのではない。デカダンスは情念の特殊な習慣である。人間の行為が技術的であるところにデカダンスの根源がある。情念が習慣的になり、技術的になるところからデカダンスが生ずる。自然的な情念の爆発はむしろ習慣を破るものであり、デカダンスとは反対のものである。すべての習慣には何等かデカダンスの臭《におい》が感じられないであろうか。習慣によって我々が死ぬるというのは、習慣がデカダンスになるためであって、習慣が静止であるためではない。（新潮文庫、四一～四二頁）

デカダンスに陥った習慣は「懐疑について」で言われた「精神のオートマティズム」

＊デカダンスについて、「シェストフ的不安」でも次のように書いている。「人間はその極めて原始的な欲望ですらつねに技術的にもしくは技巧的に満足させようと求める。そこから人間的生はデカダンスに陥る性質をおのずから内在せしめている。」（全集第十一巻、四〇五頁）

に対応するもので、自由に対置されます。

三木は習慣を単に否定しているわけではありません。前章の「懐疑について」でも、「（懐疑は）知性の一つの徳である」と言いながら、「懐疑のための懐疑になってしまう」とも言っていて、常に裏表をみながら議論をする。これが三木の議論の特徴です。このように三木はいつも物事の二面性を見て語るので注意深く読まなければなりません。習慣は「懐疑について」では「精神のオートマティズム」に結びつくものとしてあげられていましたが、「習慣について」では肯定的な評価もしています。

実際、習慣的にならなければ人はなにもできません。あらゆることがたえずはじめて経験することであったら、たちまち生きていくことができなくなります。三木は「人生において或る意味では習慣がすべてである」とまで言っています。

日常生活をある程度習慣的にこなすことは生きていくためには不可欠です。たとえば、自動車の運転や楽器の演奏を学ぶとは、習慣化するということです。習慣化してはじめて運転や演奏が身についたということになります。もっと簡単なこと、自転車に乗ることも、バランスを取りながらペダルをこぐという動作が習慣化しなければ難しいことです。習慣化してしまえば、意識しなくても自転車を走らせることができます。

他方、その習慣が単なる機械的な繰り返しになってしまうと、生きることに有用なことであったはずなのに、かえってそれが私たちの人生を阻害するというか、妨げになるということはあるだろうと思います。それを三木はデカダンスと言っているのです。

習慣を自由になし得る者

習慣がデカダンスに陥らないために、習慣を自覚的に使いこなさなければならないと三木は説きます。

> 習慣を自由になし得る者は人生において多くのことを為し得る。習慣は技術的なものである故に自由にすることができる。もとよりたいていの習慣は無意識的な技術であるが、これを意識的に技術的に自由にするところに道徳がある。修養というものはかような技術である。もし習慣がただ自然であるならば、習慣が道徳であるとはいい得ないであろう。すべての道徳には技術的なものがあるということを理解することが大切である。習慣は我々に最も手近なもの、我々の力のうちにある手段である。（新潮文庫、四〇頁）

習慣を自由にコントロールできるなら、それは多くのことを可能にしてくれますが、コントロールのきかなくなった習慣、機械的になった習慣は人間から自由を奪います。

あいさつの習慣化をすすめる人がいます。例えば学校に行くと、「元気にあいさつをしましょう」と書いたポスターが貼りだされているのを見かけます。

あいさつを強制し習慣化しようとする人は世の中に多い。そうすると、なんのためにあいさつをするかということの本来的な意味が見失われてしまうということがあるだろうと思います。

形から入るということは確かにあります。例えば私は、大人から子どもに「ありがとう」と言いましょうと講演会などで話をします。そして、その意味も説明するのですが、大人の皆さんは恥ずかしかったり顔がこわばったりして、子どもに「ありがとう」と言えないのだそうです。そういう人たちに、一日に一度は「ありがとう」と言おう、とすすめます。そんなに抵抗を感じないで「ありがとう」と言えるようになるところまでは、ある種の習慣化が必要だろうと思います。しかし逆に弊害もあって、いつも「ありがとう」と言っていると単なるリップサービスになる。習慣がデカダンスに陥る。

「おはよう」というあいさつもそうです。「おはよう」は口先だけで言うことではなくて、宇宙にただ一度きりのおはようなんだという話もたまにします。今日、この子どもと会える、この親と会えるというのは宇宙でただ一回きりで、その時に発せられる「おはよう」の言葉も、ただ一度きりの「おはよう」なので、リップサービスで軽々しくしてはいけない。習慣化してしまうと、そこに生命がこもらないということになるわけです。

習慣は技術である

習慣が技術であるように、すべての技術は習慣的になることによって真に技術であることができる。どのような天才も習慣によるのでなければ何事も成就し得ない。
（新潮文庫、四〇頁）

習慣が技術であるように、技術は習慣になることで真の技術となるとは、どういうことでしょうか。

例えば、車の運転は、習慣化していないとできません。習慣が自然的ではなくて技術的だというのは、それが意図的なもの、人間の意志からはじまるものだからです。一見、習慣と意志的な決断とは相容れませんし、技術とは違うように思えますが、実は習慣を自由に為し得る人とは、この習慣をなんのために身につけなければならないかということをよくわかっている人です。必要があれば、その習慣をやめることもできる。

習慣化した車の運転であっても、今日は大雪が降ったからいつもと同じような運転をしてはいけない、と思える人は習慣を自由に為し得ている。そう考えない人は、雪の日でも普通のタイヤで出かけてスリップ事故を起こしてしまう、ということです。

ですから、習慣を自由に為し得るためには、その習慣が何のためなのかがわかっていなければならないのです。

何のための習慣か？

先ほど、「ありがとう」というあいさつの例をあげましたが、そのことには根拠があります。「ありがとう」となぜ言うかというと、そう言われた人に貢献感、役に立ったという感覚を持ってほしいからです。

たとえば、ある人の母親は洗濯物をたたんでくださるのだそうです。ところが、認知症が進んでいるものですから、せっかくたたんでもらっても、あとでたたみ直さないといけない。けれども、その人は母親に「ありがとう」と必ず言うのだそうです。そして、母親が休んでから全部自分でたたみ直すのだそうです。

なぜその人は「ありがとう」と言うのか。「ありがとう」と言われた人が、自分が役に立てたと感じ、貢献感を持てるからです。自分が役立たずではなく誰かの役に立てたと感じられたら自分に価値があると思えます。病気の人、高齢の人は自分には価値がないと思っています。そのような人に自分に価値があると思ってほしいので「ありがとう」と言うのです。自分に価値があると思えた人は対人関係に入っていく勇気を持てます。人と関われば傷つく経験もしますが、対人関係のなかでしか幸福になれないので、対人関係に入っていく勇気を持ってほしいのです。そういう勇気を持てる援助をするために「ありがとう」と言うのです。

このようなことがわかってもなかなか「ありがとう」と言えない人のために、習慣化する援助をする。顔が引きつろうが抵抗を感じようが、ともかく「ありがとう」と言ってみようと、形から入ることで、習慣化することはできます。ただしそれはあくまで技術的なものなので、どうしてそういう言葉をかけるかを知らないままだと、ただのリップサービスになってしまいます。

また、「ありがとう」をほめ言葉と同じように使うと、次の機会も適切なことをして欲しいという、いわば下心をもって「ありがとう」と言うことになったりする。本来の意味を見失ってしまうと習慣を自由に為し得るものではなくなります。「ありがとう」と言おうというのは道徳だとしても、根拠がわかっていなければ道徳は形骸化してしまいます。

習慣によって我々は束縛される

習慣によって我々は自由になると共に習慣によって我々は束縛される。しかし習慣において恐るべきものは、それが我々を束縛することであるよりも、習慣のうちにデカダンスが含まれることである。（新潮文庫、四二頁）

習慣となったものの始まりには、習慣化するだけの意味があったはずですが、習慣だけが形骸化してしまうことによる弊害が多い。

あいさつすること自体は悪い事ではありません。でもあいさつというのは強制されるものでもない。あいさつしたいと思ったらあいさつすればいいのですが、小さい子どもたちはそういったことを知らないかもしれない。あいさつを習慣化するにあたって、模倣しないといけませんから最初はそこから始まります。相手もあいさつを返してくれるし、あいさつしたら気持ちがいい。そういう意味であいさつを習慣化することが、対人関係をよくするはずです。しかし、形骸化してしまうと、あいさつをしない子どもを先生が叱ってみたり、心のこもらないあいさつを、顔が引きつってでもしなければいけなくなってしまう。

子どもに愛国心*をもたせようとする人たちがいます。国旗の日の丸に頭を下げるこ

*愛国心について、三木はコラム「教

とや、「君が代」を大きな声で斉唱することを強要したりします。それが習慣化したときに、そうした習慣そのものがわれわれを束縛することは、大いにあり得るし、実際に三木の時代にあったことです。

師の小吏根性」を書いている。章末注1参照。

習慣を支配するもの

こうした習慣のデカダンス、習慣による束縛から解き放たれるためには何が必要か。三木は流行を挙げています。

> 流行に対して習慣は伝統的なものであり、習慣を破るものは流行である。流行よりも容易に習慣を破り得るものはないであろう。（新潮文庫、三五頁）

三木のいう流行**とは、新しいものを学ぶことのようです。「習慣に対して流行はより知性的であるということができる」ともされていますから、流行とはここでは情緒的なものではなく、知的なことがらを意味していることは確かです。

たとえば、かつては職場で、上司が部下を叱ることはあたりまえのように行なわれていました。ミスを指摘して指導するのではなく、一方的に怒鳴る、土下座など屈辱的な謝罪をさせる、時には殴ることもありました。

**流行について三木は『構想力の論理』でフランスの社会学者G・タルドの説を参照している。「タルドは模倣論の中で、模倣の二つの種として慣習 coutume と流行 mode とを区別した。慣習的模倣においては、モデルは自国のもの且つ古いものであるのがつねである。流行的模倣においては反対に、モデルは他国のもの且つ新しいものであるのが普通である。」（全集第八巻、一五二頁）

今では、こうしたことが表ざたになれば、パワハラ（パワー・ハラスメント）だとして、社会的な非難を浴びることになります。パワハラはダメだという考え方は、決して伝統的な習慣ではありません。むしろ逆ですね。パワハラという新語が流行することによって、それはダメだという考え方も広まった。それが上司は部下を叱るものだという習慣を打ち破ったのです。

しかしながら、三木は流行の危険性*についてふれることも忘れていません。

流行そのものがデカダンスになる場合、それは最も恐るべきものである。流行は不安定で、それを支える形というものがないから。流行は直接に虚無につらなる故に、そのデカダンスには底がない。（新潮文庫、四二頁）

流行しているからそれは正しいとか、善いということにはならない。流行は人の判断を誤らせることもあります。それではどうすればよいのか。三木はもう一つの道を挙げています。

一つの情念を支配し得るのは理性でなくて他の情念であるといわれる。しかし実をいうと、習慣こそ情念を支配し得るものである。一つの情念を支配し得るのは理性

*コラム「流行と権威」には次のように書かれている。「流行と権威とが区別されねばならぬことは明かである。権威あるものは真理でなければならないが、流行は真理と虚偽との別なく行われ得るからである。流行と権威との区別はかように明瞭であるにも拘らず、人々に真偽の判別力が欠けており、流行に追随する風が盛んな所では、何でも流行す

でなくて他の情念であるといわれるような、その情念の力はどこにあるのであるか。それは単に情念のうちにあるのでなく、むしろ情念が習慣になっているところにある。私が恐れるのは彼の憎みではなくて、私に対する彼の憎みが習慣になっているということである。習慣に形作られるのでなければ情念も力がない。一つの習慣は他の習慣を作ることによって破られる。習慣を支配し得るのは理性でなくて他の習慣である。（新潮文庫、三七～三八頁）

習慣とは私たちの生活の秩序のことでもあります。しかし、その本来の目的や意味が見失われ、形骸化したときには、それは私たちの自由を制約する。そこで三木が提案するのは、他の習慣、新たな生活の秩序を作り出すことでした。再び「習慣を自由に為し得るものは人生において多くのことを為し得る」という言葉を思い起こしましょう。しかし、習慣を自由になしえるとはなかなか難しいものかもしれません。

〈注〉

（1）「教師の小吏《しょうり》根性」より。

「小学校の生徒に対して国防献金を行わせたとき、板ノ間稼ぎ〔銭湯で客の金品を盗むこ

るものが権威あるものであるかのような誤解を生じ易いのである。」（「流行と権威」全集第十六巻、四九六～四九七頁）

と」をする子供が出た。また彼等に対して物資節約を奨励したとき、墓所の鉄柵を盗む者が出た。これは東京で生じた事件であるが、すべての教育家の反省しなければならぬ問題を含んでいる。

子供に愛国心を起こさせ、貯蓄心を養わせることは、もちろん大切である。しかしその精神を取らないで形式に堕する場合、弊害は大きい。しかもこの弊害はこの頃特に教師の小吏根性に基づくことが少なくないように思われる。自分の利益のために上長の意を迎えて外に見える成績だけを善くしようというのは小吏根性であるが、そのような小吏根性が官界ばかりでなく教育界にも充満しているように思われるのである。

親からあり余る小遣いを貰って浪費している子供に対して献金や貯蓄を強制的に行わせることには意味がある。けれども、そのような余裕のないのみか日常の生活にさえ事欠く貧しい家庭の児童に対して同じような義務を説くことは幼い者の心を種々に傷つけることになるのである。現に東京市を初め全国において今も多数の欠食児童が存在している。まず彼等のことを心配するのが、国民精神総動員の一つとして保健の重要性が力説されている場合、先決問題ではないか。」(「コラム『銃眼』年不詳六月十二日、全集第十六巻、六〇一頁)

発表年は不詳だが、文中でふれられている「国民精神総動員」運動は、第一次近衛内閣が一九三七年に提唱したものなので、それ以降に執筆されたものと推定される。

3　精神の休日——「瞑想について」「感傷について」を読む

瞑想について

伝えられる生前の三木清は、いくつもの雑誌連載、いくつもの単行本企画を同時進行し、さらには講演や座談会に飛びまわるなど、寝る間も惜しんでエネルギッシュに活躍しています。静かなところで瞑想にふける哲学者というイメージからはほど遠い。ですから、「瞑想について」という話題が出されているのには、意外な感じを受けます。

三木自身は、自分は突然瞑想に陥ると言っています。

> たとえば人と対談している最中に私は突然黙り込むことがある。そんな時、私は瞑想に訪問されたのである。瞑想はつねに不意の客である。私はそれを招くのでなく、また招くこともできない。しかしそれの来るときにはあらゆるものにも拘《かかわ》らず来るのである。「これから瞑想しよう」などということはおよそ愚にも附かぬことだ。

私の為し得ることはせいぜいこの不意の客に対して常に準備をしておくことである。（新潮文庫、八九頁）

これは実際にそうだったようで、生前の三木を知る人たちが、突然黙りこむ三木の姿を語っています。*人と話しているときだけではなく、講演の途中でも瞑想に陥ったそうです。

この思い設けぬ客はあらゆる場合に来ることができる。単にひとり静かに居る時のみではない、全《まった》き喧騒《けんそう》の中においてもそれは来るのである。孤独**は瞑想の条件であるよりも結果である。例えば大勢の聴衆に向って話している時、私は不意に瞑想に襲われることがある。そのときこの不可抗の闖入者《ちんにゅうしゃ》は、私はそれを虐殺するか、それともそれに全く身を委《まか》せてついてゆくかである。瞑想には条件がない。条件がないということがそれを天与のものと思わせる根本的な理由である。（新潮文庫、八九～九〇頁）

対談中にも、講演中にも瞑想に入った、こうなると三木には瞑想癖があったと言いたくなりますが、瞑想は習慣にはならないと三木は言います。

*黙りこむ三木について中村哲が次のように書いている。「三木さんは会話の途中で、下を向いて黙ってしまい気づまりを感じさせることがあり、誰でも、それを気にしていたようだ。」（全集第十七巻月報、中村哲「三木さん雑想」）

**『人生論ノート』の「孤独について」も参照。また「現代文化の哲学的基礎」では「孤独というものは何であるか。孤独とは自分であることでなく、寧《むし》ろ自分が無瞑想癖という言葉は矛盾である。瞑想は何等習慣になり得る性質のものではないからである。性癖となった瞑想は何等瞑想ではなく、夢想か空想かである。（新潮文庫、九二頁）

瞑想というと、静かなところで座禅でも組んで、深い瞑想に入るというイメージがありますが、三木のいう瞑想は、それとは違うようです。自分で「これから瞑想しよう」などと思ってすることではなく、また、習慣づけられるものでもなく、あくまでも不意に訪れる客のようなものだといいます。

私にはこういう瞑想の経験はありませんが、直観というのはあります。考えごとをしていたときにパッと思いつくことがあってそれを書き留めるとか、パソコンに打ちこむということはあります。不意に訪れるので、瞑想とは違いますが、訪れ方は似ているかもしれません。

ソクラテスの瞑想

三木はプラトン『饗宴』から、ソクラテスが丸一日立ち続けて瞑想にふけったというエピソード＊＊＊を出しています。

くなる時である。そのとき自分は無くなって、自分が謂《い》わば感受性の場所になってしまう。この場所は神秘主義に最も親しい場所であろう」（全集第十三巻、二一五頁）とある。

＊＊＊プラトン『饗宴』中のアルキビアデスの発言に出てくる。三木は「ソクラテス」でエピソードを書いている。章末注1参照。

プラトンはソクラテスがポティダイアの陣営において一昼夜立ち続けて瞑想に耽《ふけ》ったということを記している。その時ソクラテスはまさに瞑想したのであって、思索したのではない。彼が思索したのは却って彼が市場に現われて誰でもを捉えて談論した時である。思索の根本的な形式は対話である。ポティダイアの陣営におけるソクラテスとアテナイの市場におけるソクラテス*——これほど明瞭に瞑想と思索との差異を現わしているものはない。（新潮文庫、九〇頁）

ソクラテスは、朝から翌日の朝まで立ちつくして瞑想にふけっていた。ギリシアは気候が温暖ですから、それもできたと思いますが、さすがに長時間なので、人々は驚いて、瞑想するソクラテスをいつまで続くかと見物に来たほどです。一晩たってもまだ立っていた。

このポティダイアでの瞑想は有名な話ですが、ソクラテスが瞑想していた間に彼のなかで何が起っていたかというのは謎です。

ソクラテスは、現代の哲学者のイメージとはずいぶん違う、奇怪な行動をとっていた人です。同時代のギリシア人にとっても、彼はよほど変わった人だという印象を多くの人が持っていた。現代で哲学者といえば、大学教授で、思想の分析を仕事にして

*「ソクラテスには矛盾する二重の性格があった。彼は道徳的人間の無限の複雑さと量り難い深さとの感情を有した恐らく最初の人であったであろう。彼の生活は殆《ほとん》ど全く公衆の中で行われ、彼の関心は人間の日常的実践的生活に結び付いていたにも拘らず、彼は突然周囲の世界を全く忘れて深い瞑想に沈むことができた。しかしそれは単なる夢想ではなく、その恍惚状態の中で彼を支えていた

いる研究者というイメージがあると思いますが、ソクラテスのエピソードを追っていくとそうした通俗的なイメージではおしはかれないところがあります。

ソクラテスの瞑想は、ダイモーン（神霊）の声を聞くということと並んで、ソクラテスを理解するときに、合理的に割り切れない特徴になっています。

三木がソクラテスの瞑想を引き合いに出したのは、一方でソクラテスは、広場で市民と対話する哲学者だったということを念頭に置いていたからだと思います。＊＊これは思想家にとっての瞑想は、宗教、とくに神秘主義のいうようなものとは違うのだということです。＊＊＊

> 瞑想はその甘さの故にひとを誘惑する。真の宗教がミスティシズムに反対するのはかような誘惑の故であろう。瞑想は甘いものであるが、それに誘惑されるとき、瞑想はもはや瞑想ではなくなり、夢想か空想かになるであろう。（新潮文庫、九一頁）

三木は、瞑想には過程がない、思索はそれに対して過程的である、ともいっています。「思索の根本的な形式は対話」ですから、この過程というのは、対話のプロセスです。真理を求めて、さまざまな視点から検討していく思索の過程なしには、瞑想によって得られたアイデアを生かすこともできない。瞑想だけで終わってしまうと「瞑

のは思惟である。」（全集第九巻、三八九〜三九〇頁）

＊＊三木「ソクラテス」より。「ソクラテスの一つの特徴はその生活の極端な公共性である。彼は殆《ほとん》どつねに外で生活した。彼は遊歩場や体操場に行き、或《あるい》は市場に現われ、多くの人々の集まる場所で時を過した。」（全集第九巻、三七〇頁）

＊＊＊「かくの如き神秘的傾向が歪曲されて迷信にまで発展することを妨げたものは、彼における主知主義的或《あるい》は合理主義的傾向である。徳は知識であるというのが彼の確信であった。」（全集第九巻、三七二頁）

想はもはや瞑想ではなくなり、夢想か空想かになるであろう」ということです。

瞑想を生かし得るものは思索の厳しさである

瞑想を生かし得るものは思索の厳しさである。不意の訪問者である瞑想に対する準備というのは思索の方法的訓練を具《そな》えていることである。（新潮文庫、九一頁）

瞑想だけではだめで、方法的な思索と両方あいまってはじめて意味があると言っています。方法的な訓練がないとせっかくのアイデアをいかすことができない。そして、「勤勉は思想家の主要な徳である」*として、思想家と瞑想家や夢想家とは違うとも言っています。

しかし、勤勉だけではダメだということも言っているところが面白い。瞑想は「精神の休日」だというのです。

ひとは書きながら、もしくは書くことによって思索することができる。しかし瞑想はそうではない。瞑想はいわば精神の休日である。そして精神には仕事と同様、閑暇《かんか》が必要である。余りに多く書くことも全く書かぬことも共に精神にとって有害である。（新潮文庫、九二〜九三頁）

＊「西田先生のことども」より。「勤勉が思想家の重要な徳であるということを私は先生から学んだ。哲学者と称する者の陥り易い瞑想癖から彼を救い、その瞑想を思索に転じ、思索のうちに瞑想的なものを活かさせることができるのは勤勉である。」（全集、第十七巻、三

私は、生産性で人間の価値を判断してはいけないと言っているわりには、休日もあまり休みません。少しは精神の休日をとるようにした方がよいかもしれません。

感傷と瞑想

『人生論ノート』の「感傷について」には、「感傷はウィークエンドである」とあります。

> 旅は人を感傷的にするという。** 彼は動くことによって感傷的になるのであろうか。もしそうであるとすれば、私の最初の定義は間違っていることになる。だがそうではない。旅において人が感傷的になり易いのは、むしろ彼がその日常の活動から脱け出すためであり、無為になるためである。感傷は私のウィークエンドである。（新潮文庫、一二五頁）

休日もウィークエンドもほぼ同じ意味ですから、瞑想と感傷の関係について見ておきましょう。

三木清『人生論ノート』は、死、幸福、虚栄、孤独など、さまざまな人間の問題を

〇一頁）。引用文中の「先生」は西田幾多郎のこと。

**『人生論ノート』の「旅について」でも感傷について書かれている。

「即ち旅はすべての人に多かれ少かれ漂泊の感情を抱かせるのである。解放も漂泊であり、脱出も漂泊である。そこに旅の感傷がある。」

「また旅は人間を感傷的にするものである。しかしながらただ感傷に浸っていては、何一つ深く認識しないで、何一つ独自の感情を持たないでしまわねばならぬであろう。」

取り上げていますが、ほとんどのテーマについて、その肯定面と否定面の両面を論じていきます。ところが、この「感傷について」は、三木にしては珍しく、手厳しい論じ方をしています。

三木が感傷とは無縁だったかというとそんなことはありません。青年時代の習作『語られざる哲学』には豊かな情緒があふれていますし、亡き妻を偲んだ『幼き者の為に』は、それこそ感傷的といってもいい。

けれども、『人生論ノート』では感傷については辛口の批評をしています。

「感傷的であることが芸術的であるかのように考えるのは、一つの感傷でしかない。」

「感傷には個性がない、それは真の主観性ではないから。」

「感傷はたいていの場合マンネリズムに陥っている。」

「感傷には常に何等かの虚栄がある。」

『人生論ノート』で三木がこれほど厳しく否定するのは、ほかには嫉妬は悪魔の属性であると断じた「嫉妬について*」くらいです。

瞑想と感傷の関係もやはり辛口です。

> 瞑想は多くの場合感傷から出てくる、少くとも感傷を伴い、或いは感傷に変ってゆく。思索する者は感傷の誘惑に負けてはならぬ。

*「嫉妬こそベーコンがいったように悪魔に最もふさわしい属性である。なぜなら嫉妬は狡《こう》猾《かつ》に、闇の中で、善いものを害することに向って働く

感傷は趣味になることができ、またしばしばそうなっている。感傷はそのように甘味なものであり、誘惑的である。瞑想が趣味になるのは、それが感傷的になるためである。（新潮文庫、一二三頁）

のが一般であるから」とある（新潮文庫、七七頁）。

「勤勉は思想家の主要な徳である」とする三木にとって、感傷はウィークエンドとしての意味しかないのかもしれません。週休二日制ではなかった時代の週末ですから、明日は休みだからちょっとほっとする程度のものだったでしょう。だから、瞑想（精神の休日）は多くの場合感傷（ウィークエンド）から出てくるのかもしれません。

瞑想と感傷についての三木の意見は、三木自身の思想家像、知識人像によるもののようです。「感傷について」で三木はこう言っています。

行動的な人間は感傷的でない。思想家は行動人としての如く思索しなければならぬ。[**]勤勉が思想家の徳であるというのは、彼が感傷的になる誘惑の多いためである。（新潮文庫、一二五頁）

**フランスの哲学者アンリ・ベルクソンの言葉を踏まえている。章末注2参照。

瞑想の意義を認めながらも、それが感傷に流れてはいけないと戒める三木清は、どこまでも現実にはたらきかけようという希望を捨てない哲学者でした。

〈注〉

（1）「ソクラテス」より。
「プラトンはポティダイアの営地における出来事として次の逸話を伝えている。或る朝ソクラテスは何事かについて瞑想しながら立っていた。彼の求めたものは見出されなかったので、彼は動くことなく同じ姿勢で思索し続けた。既に正午になっても彼が立ち続けているのを見て、人々は驚いて、ソクラテスが朝からそこで夢みていることを互に話し合った。遂に夕方になって、兵隊たちは、食事した後、寝るためにそして同時に彼が同じ姿勢で夜を明かすかどうかを見るために、その場所へ彼等の寝床を持って来た。実際、ソクラテスは翌日の日の出まで立ち続けていたのである。それから太陽に向って祈をした後、彼は立ち去った。かようにソクラテスは時にはすべてを忘れてひたすら瞑想に耽ることがあったのである。」（全集第九巻、三七〇〜三七一頁）

（2）三木「新しき知性」には、「現代の知性人とは如何なるものであるかという問に対して、「思索人の如く行動し、行動人の如く思索する」というベルグソンの言葉をもって答えることができる（第九回国際哲学会議におけるデカルト記念の会議に寄せた書簡）」とある（全集第十四巻、九九頁）。
三木のベルクソン論としては「倫理と人間」（全集第五巻）、「ベルグソンについて」（全集第十巻）などがある。

4　不安と噂――「噂について」を読む

噂の三木清

一九四一年一月、前年の八月に「瞑想について」を発表して以来、小休止していた『人生論ノート』の連載が再開されました。* 連載再開の第一弾が、この「噂について」です。

噂は不安定なもの、不確定なものである。しかも自分では手の下しようもないものである。我々はこの不安定なもの、不確定なものに取り巻かれながら生きてゆくのほかない。

しからば噂は我々にとって運命の如《ごと》きものであろうか。それは運命であるにしては余りに偶然的なものである。しかもこの偶然的なものは時として運命よりも強く我々の存在を決定するのである。（新潮文庫、九四頁）

＊三木は一九四〇年八月五日から十月三日まで、招かれて満州（中国東北部）を旅し、各地で講演などを行なっていた。

その間に、日本はナチス・ドイツ、ファッショ・イタリアと三国同盟を締結、政党を解散して大政翼賛会に統合、三木帰国後の十月二十九日には三木が参加していた昭和研究会も解散した。

不安定なもの、不確定なもの、偶然性、運命……、これが、人生論ノートに一貫するテーマです。

噂というものはなくならないし、われわれと切っても切り離せないものなので、運命のようなものだけれども運命ではない。不安定で不確定で偶然的な噂が、運命よりも強い影響力をもつことがあるということを書いています。

三木清自身が噂に翻弄されたエピソードがあります。京都帝国大学を卒業後、ドイツに留学してハイデガー*に師事した秀才として評判の高かった三木は、帰国後、『パスカルに於ける人間の研究』を出版し、新進気鋭の哲学者としてデビューします。「当然、三木を知る誰もが、彼は母校である京大の教壇に立つものと信じており、本人もまたそのつもりで、招かれるのを待った**」。にもかかわらず、三木の前途を噂がふりまわしたのです。

真相はわかりませんが、結果としては三木の母校への就職はかなわなかった。その理由として、三木が家庭教師をしていた子どもの母親（未亡人）と交際していた、それが教授陣のあいだで問題視されたからだという噂が立ちました。

これは、実際そうだったのだというものから、根も葉もない噂だというものまで、立場はいろいろですが、幾人もの人が書きとめているので広く知られていたようです。

*M・ハイデガー（一八八九―一九七六）はドイツの哲学者。主著に『存在と時間』など。三木は一九二三年にハイデガーの指導を受けている。『パスカルに於ける人間の研究』、『社会科学の予備概念』（全集第二巻所収）など、初期の著作にはハイデガーの影響が濃厚。ただし、ハイデガーのナチス加担には批判的で「ハイデッガーと哲学の運命」（全集第十巻所収）では「ハイデッガーはニイチェのうちに没した」と辛辣に評している（全集第十巻、三二〇頁）。

**永野基綱『三木清』清水書院、六〇頁。

私は、三木を快く思わない人が作り出した噂だろうと思います。

三木自身は親しい友人への手紙にこう書いています。「五十代の女と二十代の男との恋、それはあり得べきことであろうか。私は私達の愛が真実なものであることだけは誰にも語りたい」***。恋ではあり得ない、真実の愛なのだというのは、年齢差のある男女間の友愛を言い表わす言葉を当時の三木がもたなかったということでしょう。

ともあれ、三木は京大への就職をあきらめ、恩師・西田幾多郎****らの斡旋で法政大学の教職に就き、活動の場を東京に移したのでした。その結果、ジャーナリズムで大活躍をすることになるのですから面白いものです。もし三木が望みどおり、京大の教職に就いていたら、三木の人生は大きく違っていたことでしょう。私たちがいま読んでいる『人生論ノート』も書かれなかったかもしれません。

噂とインターネット

三木の時代の噂とは、第一に口から口への噂であり、次に新聞・雑誌など印刷物によって流布されるゴシップのことだったはずですが、三木は現代を見とおしたようなことを書いています。

噂はつねに我々の遠くにある。我々はその存在をさえ知らないことが多い。この遠い

***山内朝資宛書簡、全集第二十巻、二六九頁。

****西田幾多郎（一八七〇―一九四五）は日本の哲学者。著書に『善の研究』、『日本文化の問題』など。京大時代の三木の恩師の一人。

ものが我々にかくも密接に関係してくるのである。しかもこの関係は掴むことのできぬ偶然の集合である。我々の存在は無数の眼に見えぬ偶然の糸によって何処《どこ》とも知れぬ処に繋がれている。（新潮文庫、九五頁）

これは直前の断章の（噂が）「我々の運命をさえ決定するというは如何《いか》なることであろうか」へ答えている文章です。

噂は当事者の知らないところで立てられるものです。本人に向かって言ったら、それはもう噂とは言いません。当事者がそれを知るのは、まわりまわってこんな噂が立てられているよと教えられてのことです。

「我々の存在は無数の眼に見えぬ偶然の糸によって何処とも知れぬ処に繋がれている」というところなど、なにか現代のインターネットの世界のように感じさせられます。私たちは生まれたときから、さまざまな情報が関係づけられた世界に投げ出されている。しかも私たちを結びつけている無数の糸は目に見えない。こうした人間観は「人間の条件について」にもありました。*

個性を形作る関係が無数に細分化されることによって、かえって無数の関係によって限定されてしまう。そうすることで、人間は無限定なアノニム（無名、匿名）な存在になっていくのだという話です。三木の時代にはインターネットはありませんでした

*「人間の条件について」より。「しかるに今日の人間の条件は異っている。現代人は無限定な世界に住んでいる。私は私の使っ

が、現代にも通じる見方なのではないでしょうか。

私もインターネットを使います。ＳＮＳ（ソーシャル・ネットワーキング・サービス）で見ず知らずの方から質問を受けることがあります。

実際のカウンセリングは、クライエント（相談者）からの情報がなければできません。アドラーは医師やカウンセラーから出された症例報告だけでは十分でないといっています。なぜなら症例報告で与えられる情報が十分でなければ報告者にたずねるか推測するしかなく、患者自身からは情報を得ることができない。これに対して、相手と面談するカウンセリングの場では、不足する情報についてはクライエントに直接たずねることができます。

ですから、インターネットでは、相手がどういう人だかわからないと答えられないような質問には返事ができませんし、そもそも書き込める文字数が限られていますから、ごく一般的な答えしかできません。

噂には誰も責任者というものがない

対話においては、誰が話したかよりも何が話されたか、つまり発言者より発言内容が重視されるべきです。

ソクラテスが対話をする時は、議論そのものの真偽を問題にするけれども、相手が

ている道具が何処の何某の作ったものであるかを知らないし、私が拠り所にしている報道や知識も何処の何某から出たものであるかを知らない。すべてがアノニム（無名）のものであるというのみでない。すべてがアモルフ（無定形）のものである。かような生活条件のうちに生きるものとして現代人自身も無名な、無定形なものとなり、無性格なものとなっている。」（新潮文庫、六九頁）

誰であるかは問題にしませんでした。もちろん、それはソクラテス自身についてもそうです。

ソクラテスは、こんなふうに言っています。「もしも僕の言葉にしたがうのであれば、ソクラテスのことはあまり気にしないで、それよりもずっと真理の方を気にかけてくれたまえ。僕が真実を語っていると思えたら同意し、さもなければ、あらゆる議論をつくして反対してくれたまえ」（『パイドン』91c）。

ただし、ソクラテスがそのようにできたのは、対話の相手とのあいだに信頼関係が成立していたからです。

アノニムな、目に見えない無数の関係のなかで発生する噂は、対話の場での発言と同じようにあつかうわけにはいきません。

噂は誰のものでもない、噂されている当人のものでさえない。噂は社会的なものであるにしても、厳密にいうと、社会のものでもない。この実態のないものは、誰もそれを信じないとしながら、誰もそれを信じている。（新潮文庫、九六頁）

噂には誰も責任者というものがない。その責任を引受けているものを我々は歴史と呼んでいる。（同前、九七頁）

責任の語源は応答です。この発言は誰がなんのためにしたのか、と問えば、誰かが名乗り出て発言の意図や根拠を説明してくれるのが、責任のある発言というものです。しかし、噂は誰のものでもない以上、そこに責任を問うこともできません。噂は根本的に無責任なものです。

あらゆる噂の根源は不安である

噂は自然発生的で、たいてい誰が言い出したかわからない。多くの場合、根拠のない虚報、誤報です。根拠のない噂など放っておけばよいのですが、「噂をいつまでも噂にとどめておくことができるほど賢明に無関心で冷静であり得る人間は少ない」ので、社会に影響を与える場合があります。

関東大震災*の時のデマもそうです。「朝鮮人が暴動を起こす」という噂が流れ、多くの人が殺されました。二〇一一年の東日本大震災時にもいろいろなデマが流れました。被災地で外国人が犯罪を起こしているという噂がインターネット上でまたたくまに広まりました。実際は事件自体が捏造で、警察署がそういう事件は起きていませんと広報しなければならないようなケースもありました。

どうして噂に対して賢明な無関心さをもってあつかえないのでしょうか。

＊関東大震災は、一九二三（大正十二）年九月一日発生。

あらゆる噂の根源が不安であるというのは真理を含んでいる。ひとは自己の不安から噂を作り、受取り、また伝える。不安は情念の中の一つの情念でなく、むしろあらゆる情念を動かすもの、情念の情念ともいうべく、従ってまた情念を超えたものである。不安と虚無とが一つに考えられるのもこれに依ってである。虚無から生れたものとして噂はフィクションである。（新潮文庫、九六頁）

三木は「ひと」*とひらがなで書いていますが、これは世間の平均的な意識に埋没している人のことです。

三木は「時局と学生」と題したコラムで不安から焦燥にかられたときの人間心理やそれを操ろうとする独裁者について書いています。

不安は人間を焦燥《しょうそう》せしめ、そして焦燥は人間を衝動的ならしめる。その時人間はいかなる非合理的なものにも容易に身を委《まか》せ得るのである。かくて嘗《かつ》て多くの独裁者は、人民を先ず不安と恐怖とに陥れることによって彼等を自己の意のままに動かそうとしたのである。（『東京帝国大学新聞』一九三七（昭和十二）年九月二十日、全集第十五巻、一九四頁）

*三木は『構想力の論理』で「この場合「ひと」というのは世間のこと」だとしている。全集第八巻、一二二頁参照。

不安から焦燥**にかられ、ゴシップやデマにふりまわされてしまう人間の心理について、コラム「流言蜚語《りゅうげんひご》」でも次のように書いています。

> 流言蜚語《りゅうげんひご》はすべて不安の表現である。それを伝える者はもとより、それを作る者も自分が不安であるからそれを作るのである。流言蜚語は一定の社会的雰囲気の中で生れるものであるが、それを自分の個人的な目的のために利用する者が存在することによつて益々《ますます》悪質のものとなるのである。言い換えると、流言蜚語は単純な不安の表現に止まるのでなく、それを作る者、或いはそれを伝える者の意識的な乃至《ないし》無意識的な利己的意図と結び付いて不純にされているのが常である。（コラム「流言蜚語」、全集第十六巻、四〇二～四〇三頁）

噂は歴史に入る入口

「噂について」の後半では、噂にある程度の意義を認めるようなことも書かれていて、読み始めたときと、噂についての印象が異なっています。

> 噂は歴史に入る入口に過ぎないが、それはこの世界に入るために一度は通らねば

**コラム「暗示の影響」にも次のような文章がある。「人心が不安焦躁の状態にある場合、暗示の力は特に大きい。あの大震災の時に朝鮮人や社会主義者が放火して歩くというようなことが真面目に信ぜられたのも、人々が暗示にかかり易い精神状態におかれていたためである。今日の所謂邪教の流行にしても、或いはまたドイツにおけるユダヤ人排斥などにしても、同様の心理を利用しているところがなくはないであろう。」（『時代と道徳』所収、全集第十六巻、九一頁。初出一九三六年一月十四日）

ならぬ入口であるように思われる。歴史的なものは噂というこの荒々しいもの、不安定なものの中から出てくるのである。それは物が結晶する前に先ずなければならぬ震盪《しんとう》の如《ごと》きものである。（新潮文庫、九八頁）

噂が歴史に入る入口だというのは、神話というものが歴史と結びつくからです。三木は噂が「永続するに従って神話に変わってゆく」としています。多くの民族の歴史は、その始まりに神話が置かれています。

噂は過去も未来も知らない。噂は本質的に現在のものである。この浮動的なものに我々が次から次へ移し入れる情念や合理化による加工はそれを神話化*してゆく結果になる。だから噂は永続するに従って神話に変ってゆく。その噂がどのようなものであろうと、我々は噂されることによって滅びることはない。噂をいつまでも噂にとどめておくことができるほど賢明に無関心で冷静であり得る人間は少いから。（新潮文庫、九七頁）

近代国家の創設についてすらも、独立や革命の英雄について語る歴史は神話的な響きをもっています。神話と歴史を混同することはできないにしても、神話から歴史に

*この『人生論ノート』連載と並行して執筆されていた『構想力の論理』の第一章は「神話」であり、三木の唱える構想力の論理は「歴史的創造の論理」（全集第八巻、一八頁）として構想された。
　また、神話について次のような文章もある。

至る道はたしかにある。そうであれば、神話の始まりである噂は「歴史に入る入口」だというのが三木の主張です。

もう一つ、噂と批評の関係については、こうしたことも言っています。

　噂よりも有力な批評というものは甚《はなは》だ稀《まれ》である。（新潮文庫、九八頁）

清水幾太郎『流言蜚語』への三木の書評**には、「流言蜚語は単にアブノーマルな報道というのみでなく、また特定の仕方で与論を現わす」、報道が統制されている場合、「純然たる与論の材料として生きることのできぬ報道は自己を潜在的与論のうちに生かせようとする。かような潜在的与論が流言蜚語にほかならない」とあります（全集第十七巻、四一四頁）。

　ゴシップやデマとは違う噂のとらえ方がされていることがわかります。潜在的与論、つまり、検閲によって公けにならなかった情報や意見が流言蜚語である、として噂のプラス面を示唆しています。言論統制によって骨抜きにされたマスメディアの批評よりも、潜在的与論としての噂の中に鋭い批評がある。こうした見方に立てば、「噂より有力な批評はまれである」とも言えるのでしょう。

　日本が対米戦争に踏み切る少し前のことです。幾人もの人が少しずつ違う表現で伝

「人の最も古き伝説乃至神話も既にそれ自身の仕方に於てひとつの歴史叙述であったのである。」（『歴史哲学』より、全集第五巻、二九頁）

＊＊清水幾太郎（一九〇七－一九八八）は社会学者。清水の著書『流言蜚語』は一九三七年、日本評論社より刊行（現在はちくま学芸文庫）。三木の書評は一九三八年二月、『東京帝国大学新聞』に掲載（全集第十七巻、四一二頁）。

えていますが、三木はよくこう言っていたそうです。

「ナチス・ドイツは敗ける、ヒトラーは自殺する。日本はアメリカと戦争して敗ける*」。

三木自身が流した潜在的与論としての噂かもしれません。

*船山信一の回想によれば三木は「電車のなかであの大声で「ヒットラーは自殺する」とか、「日本はまもなくアメリカ軍に占領されるのだから今から英会話をよくマスターしておけ」とかといった」発言をしていた（全集第四巻月報）。
そのほか、田中美知太郎「三木清の思い出」（『田中美知太郎全集第十三巻』筑摩書房）、古在由重・丸山真男『一哲学徒の苦難の道』（岩波現代文庫）などにも同趣の回想がある。

5　幸福と利己主義――「利己主義について」を読む

純粋な利己主義は稀である

『人生論ノート』の「幸福について」で、三木は「今日の良心とは幸福の要求である」、「幸福そのものが徳である」と言い切っています。しかし人に、まず自分が幸福になりなさいとすすめると、そんなことをしたらエゴイストだ、利己主義者だと思われるのではないかと尻込みされることがあります。ところが、三木は「純粋な利己主義は極めて稀《まれ》である」といいます。

一般に我々の生活を支配しているのは give and take の原則である。それ故に純粋な利己主義というものは全く存在しないか或いは極めて稀《まれ》である。いったい誰が取らないでただ与えるばかりであり得るほど有徳或いはむしろ有力であり得るであろうか。逆にいったい誰が与えないでただ取るばかりであり得るほど有力或いはむしろ

有徳であり得るであろうか。純粋な英雄主義*が稀であるように、純粋な利己主義**もまた稀である。（新潮文庫、一〇〇頁）

純粋な利己主義は極めて稀であるというのは面白い指摘です。意識的にそうするのでなければ利己主義的にふるまうことはできないということです。世の中はギヴ・アンド・テイク、持ちつ持たれつで成り立っているので、普通の人間はよほど自覚的にならないと、ギヴ（与える）を切り捨ててテイク（取る）だけに徹することはできない。その逆に与えるだけということもできない。そんなことができるような有徳の人はいない、というわけです。ちなみに、「有徳」とはここでは「うとく」と読んで、財産があるという意味です。

取るばかりで与えない人がいたとして、おそらく財産を築くことはできないでしょう。そんな、ドケチを通り越して追剥《おいはぎ》みたいな人と商売をしようとは誰も思わないからです。

三木は「利己主義というものですら、殆《ほとん》どすべてが想像上のものである。しかも利己主義者である要件は、想像力をもたぬということである」と言います。利己主義者になるのもなかなかたいへんです。しかも、ふつうに生活していれば、他人の立場だとか事情だとかが、いやおうもなく想像できてしまうので、ふつうに生活している人

*英雄主義について、次のような記述もある。
「虚無主義から出た行動主義は、知性の抛棄であると同様、主義ではない。真の英雄主義は虚無を克服する愛と認識の上に立って初めて可能である。」（「危機の把握」より。全集第十四巻、五六八頁）

**三木は、世間でいわれる利己主義だという非難について、個人主義との対比で書いている。章末注1参照。

は純粋な利己主義者にはなれない。

自らは他に与えることなく、ただ受け取るだけの人などいるでしょうか。生まれたばかりの赤ちゃんですら、受け取るばかりの存在とは言えません。親や大人たちから与えられるばかりのように見えますが、それはギヴ・アンド・テイクを瞬時か、ごく短い時間の幅で行なわれるものと考えた場合です。

自動販売機で飲み物を買う場合、コンビニで買い物をする場合、お金を渡す（ギヴ）、品物を受けとる（テイク）、これは一瞬で終わります。小さな親切もたいていそうです。落し物を拾って渡す、「ありがとう」とお礼を言われる、これもその場で終わります。でも、ギヴ・アンド・テイクというのは、そういうものだけではないでしょう。もっと長い時間がかかる場合もあります。

たとえば、教育は結果が出るのに時間がかかるし、その効果がどういうものかも予測しがたいところがあります。教えたからすぐに身につくというものではありません。ほかにも、健康によいと思ってなにかのスポーツをはじめても、それが健康に好影響を与えたかどうかは時間がたってからでないとわからない。一カ月か一年か、あるいは十年かかってようやく、ああいう勉強をしておいてよかったなとか、スポーツを続けた甲斐があったなとか実感できるというものでしょう。

我々の生活は期待の上になり立っている

生まれたばかりの赤ちゃんは、そのときに限ってみれば与えられる一方の存在に見えますが、やがて成長すれば与える側になることもあるわけです。そのことを三木は「期待の原則」と言っています。

続けて「我々の生活は期待の上になり立っている」と言ったあとに「時には人々の期待に全く反して行動する勇気をもたねばならぬ」とも言っています。まさに「嫌われる勇気」ですね。

期待は他人の行為を拘束する魔術的な力をもっている。我々の行為は絶えずその呪縛《じゅばく》のもとにある。道徳の拘束力もそこに基礎をもっている。他人の期待に反して行為するということは考えられるよりも遙《はる》かに困難である。時には人々の期待に全く反して行動する勇気をもたねばならぬ。世間が期待する通りになろうとする人は遂に自分を発見しないでしまうことが多い。秀才と呼ばれた者が平凡な人間で終るのはその一つの例である。（新潮文庫、一〇三頁）

期待には他人の行為を拘束する魔術的な力があるというのも、納得できる指摘です。

ちなみに「魔術的な力」というのは、オカルト的な意味で言っているのではなくて、暗黙のうちにはたらく慣習の力のことです。*

世間の期待する通りになろうとする人は、自分を発見しないのだと三木は言っています。つまり、自分の人生を送れない。そういう人はほんとうに多い。

三木は「秀才と呼ばれた者が平凡な人間で終る」という例も挙げています。学歴社会の尺度で優秀な成績をあげることは世間の期待に応えようとすることですから、それだけに終わってしまうと、結局、自分の人生を送れないということになります。

期待しない人間

しかし、ときには人々の期待に反して行動する勇気をもたねばならないとしても、私たちの生活を成り立たせている期待の原則をまったく無視することは不可能です。

利己主義者は期待しない人間である、従ってまた信用しない人間である。それ故に彼はつねに猜疑心《さいぎしん》に苦しめられる。ギヴ・アンド・テイクの原則を期待の原則としてでなく打算の原則として考えるものが利己主義者である。（新潮文庫、一〇三頁）

＊三木は『構想力の論理』でヴァレリーを参照して慣習を「魔術あるいは呪縛である」と書いている。章末注2を参照。

利己主義者とは、期待されない人間や信用されない人間のことではなくて、期待しない人間、信用しない人間のことだと言っています。期待しない人間とは、与えたら返ってくるだろうと考えられない、あるいはそう考えないようにしている人のことです。与えたら自分は損をするばかりだとしか考えない。だから与えない。見返りなんかあるはずがない、そんなことは期待しない。

ふつうは、期待とか信用という言葉を使わないくらいあたりまえのこと、たとえば、急な雨に降られた人に余っていたビニール傘を貸した場合、何も言わなくても数日後には傘が返ってくることが期待されています。逆に、たとえ貸した傘が返ってこなくても、まあそういう人もいるんだなですむような話です。

しかし、利己主義者はそういう発想ができない、またはしようとしない。期待すると損をする、信用すると裏切られると思うのでしょう。だから人を信用することもできない。対人関係は人を信用することなしには成立しないのにそれをしない。もらうことばかり考えている。だからつねに猜疑心にとらわれている。

与えても返ってくることもあれば返ってこないこともある、まれに返ってこないことがあっても別にいいよ、という「期待の原則」が社会というものを成立させている。そういう発想のできない人、「打算の原則」にのっとって考える人は自分が損をするのではないかとつねに不安に苦しんでいるのでしょう。

純粋な利己主義者はほとんどいないにしても、打算的な人はけっこう多くいます。他人に何かしたらそれ相応の見返りがあるはずだと考えて、その見返りにふさわしい程度のことしかしないような人、見返りがないと怒りだすような人です。けれども、何かしても見返りのある場合もあればない場合もある、それは当然だと思う方が健全なのであって、すべてを打算で割り切ろうとするのは無理があります。

未来に期待できない利己主義者の誤算

では、打算的にならないには、どう考えればいいのか。「受取勘定」という言葉がキーワードになっています。

人間が利己的であるか否かは、その受取勘定をどれほど遠い未来に延ばし得るかという問題である。この時間的な問題はしかし単なる打算の問題でなくて、期待の、想像力の問題である。（新潮文庫、一〇三頁）

受取勘定というのは、与えたら受けとれると期待できる見返りのことですね。利己主義者は、遠い未来まで勘定をもちこせない。今すぐに受けとれなければ損をした気分になるのでしょう。ふつうの人なら、金は天下のまわりものとか、情けは人のためならずとか思って、受取勘定を先延ばしすることができるのに、利己主義者はそうしようとしない。それは、ほかの人たちが利己主義者ではないことを前提にしているからです。

利己主義者は他の人間が自分とは同じようでないことを暗黙に前提している。もしすべての人間が利己的であるとしたなら、彼の利己主義も成立し得ない筈《はず》であるから。利己主義者の誤算は、その差異がただ勘定の期限の問題であることを理解しないところにある。そしてこれは彼に想像力が欠けているということの証拠にほかならない。（新潮文庫、一〇四頁）

利己主義者から見れば、他の人たちはとんだお人好しで、自分の得になるかわからないのに他人に親切にしたり、裏切られるかもしれないのに信用したり、なかには死んだあとにどうなるかなどわからないのに極楽に行けると信じている。こうしたお人好しを出し抜いて自分だけは得をしようというのが利己主義者です。

けれども、三木はそこに利己主義者の誤算があるという。利己主義者とふつうの人の違いは、受取勘定の期限を先に延ばせるかどうかの違いでしかない。それがわからないところが利己主義者に想像力が欠けている証拠だというのは、面白いところです。

どのような利己主義者も自己の特殊的な利益を一般的な利益として主張する。――そこから如何に多くの理論が作られているか。――これに反して愛と宗教とにおいては、ひとは却《かえ》って端的に自己を主張する。それらは理論を軽蔑するのである。（新潮文庫、一〇五頁）

利己主義者が「自己の利益を一般的な利益として主張する」というのはよくある話です。会社のためとか、地域のためとか、国益のためとかいう言葉の裏に私利私欲が透けてみえることはよくあります。タテマエで人を操作しようとする人こそ、まさに利己主義者ですね。

その対比として、愛や宗教において人は「端的に自己を主張する」というのはそうでしょう。たとえば、誰かを好きになったとき、自分の愛情を「一般的な利益」、景気回復とか、エネルギー問題の解決とかに結び付けて理論的に粉飾した上で、相手にアプローチするような人はたぶんいないし、そうしたとしても相手に気持ちは決して伝わらないでしょう。

利己主義という言葉は他人を攻撃するために使われる

自己の利益を一般的な利益として主張する人、タテマエで人を操作しようとする人ほど、他人を利己主義者呼ばわりするものです。

幸福であろうとする人に対して、あたかも自分のことしか考えていないように見えるからと、「自分の幸福ばかり考えないで他人の幸福について考えなければならない」という人がいます。

利己主義という言葉は殆《ほとん》どつねに他人を攻撃するために使われる。主義というものは自分で称するよりも反対者から押し附けられるものであるということの最も日常的な例がここにある。（新潮文庫、一〇五頁）

この「利己主義について」が書かれたのは昭和十六（一九四一）年です。国民精神総動員運動（一九三七）、国家総動員法（一九三八）、隣組の法制化（一九四〇）と、日本社会は全体主義的傾向を強めていました。そのなかで、「利己主義」という言葉は、ほんとうに利己主義を批判するためではなく、集団のなかの個性をつぶすためのレッテルとして使われたのでしょう。

三木が言っているのは、こういう考え方に対するアンチテーゼです。あなた自身が幸せにならずにほかの人の心配をしても意味がない。ましてや、ほかの人を攻撃することによってあなた自身が幸せになれるわけではないのです。

〈注〉

（1）「社会時評」より。

「人格の尊重という個人主義の本質的なものの価値は我が国においては社会常識として未だ十分に徹底して理解されていない。個人主義は利己主義と同じに見られて非難される。しかし「農民的利己主義」などとも云われる如く封建思想のうちに却って卑屈な利己主義が含まれており、農業的封建的イデオロギーとしての儒教的倫理のうちになかなか功利主義や利己主義が隠されている。」（全集第十五巻、九五頁）

「新個人主義」より。

「実際、我が国の社会及び文化における諸弊害が個人の人格を重んぜず、個性の意義を認めないということに起因している場合は、想像以上に多いであろう。個人主義といえば単なる利己主義のように解され、人格の尊厳、個人の自由というが如きことは社会常識として十分徹底していない。封建的思想の残存物は考えられるよりも多く、近頃流行の統制主義などもそのような封建的なものの強化となって現われる危険をもっている。」（全集十六巻、一一四頁）

（2）『構想力の論理』より。

「ヴァレリイはかような慣習をまた擬制《ぎせい》fictionと呼び、あらゆる社会状態は擬制を必要とするとも書いている。慣習は一種の魔術或《あるい》は呪縛であり、また神話と考えられる。人間社会に固有な特徴は、この社会が慣習乃至《ないし》擬制なしには存立し得ないということである。（中略）すべての社会は慣習のうち第一の、最も重要なもの、言語の上に、また文字の上に横たわっている。社会は魔術によって支えられ、社会は「呪縛の建物」である。」（全集第八巻、一〇〇頁）

6　健康は各自のもの——「健康について」を読む

健康と養生訓

三木清は頭脳明晰であるだけではなく、丈夫な身体にも恵まれた人でした。旧制一高生だったころはボート部に入って身体を鍛えたそうです。* 西田幾多郎の学風を慕って京都大学に入ってからも、文科の選手として琵琶湖や瀬田川でボートを漕いだことがあると「読書遍歴」（『読書と人生』所収）で書いています。

身体を鍛えてきた三木がどうしてもベーコンの言葉を伝えたいのだと、冒頭に引いています。

> 何が自分の為になり、何が自分の害になるか、の自分自身の観察が、健康を保つ最上の物理学**であるということには、物理学の規則を超えた智慧がある。——私はここにこのベーコンの言葉***を記すのを禁ずることができない。これは極めて重要な養生

*三木が東京で一高に通っていた時のボート部でのことを、「友情」と題する文章に書いている。章末注1参照。

**三木がベーコンの言葉として「物理学」と訳している physic は医術という意味である。（There is a wisdom in this; beyond the rules of physic: a man's own observation, what he finds good of, and what he finds hurt of, is the best physic to preserve health.）

***『ベーコン随想集』「養生法について」より。章末注2参照。

訓である。しかもその根底にあるのは、健康は各自のものであるという、単純な、単純な故に敬虔《けいけん》なとさえいい得る真理である。（新潮文庫、一〇六頁）

養生訓というのは、病気をみる、病気に注目するのではなく、健康に注目しそれをどう維持するかということです。病気の話ではない。健康の問題というのは、単なる身体の問題ではなく、個性であり人間的自然（ヒューマンネィチャー）つまり人間の本性の問題なのだというようにみていかないといけません。よく言われるように、西洋医学では病気だけを診て、人を見ない。また三木は、近代以前の養生論では、所有されているものとしての健康という認識であったと書いています*。

所有されているというところでいえば、アドラーは使用ということが大事だと言っています。身体も健康も与えられているものですが、健康な身体が与えられているのか、病気がちの身体が与えられているのかといった、どんな身体が与えられているかが問題ではなく、その身体をどのように使うかが大事だということです。器官劣等性（アドラー心理学の用語）のある人、たとえば耳の不自由な人が音楽家になるというようなことがアドラーの研究の出発点でした。自然のもの、所有しているものが何か、ではなくそれをどうするかを問題にするということです。

＊近代以前の養生論について三木はコラム「養生の説」で、「我が国の昔の儒者や仏教家の著述には養生について書いたものが少くない」として貝原益軒『養生訓』、沢庵『骨董録』を挙げている（全集第十六巻、一四一頁）。それらの根底には自然哲学があり「所有されて

健康は極めて個性的なものである

誰も他人の身代りに健康になることができぬ、また誰も自分の身代りに健康になることができぬ。健康は全く銘々《めいめい》のものである。（新潮文庫、一〇六頁）

健康というのは個性的なもので、ただ身体が丈夫か弱いかという問題ではないとして、先に挙げたように健康は各自のものであることを強調しています。ところで、健康が銘々のものであるということで引き合いに出されているのが、恋愛や結婚、交際についてです。

風采《ふうさい》や気質や才能については、各人に個性があることは誰も知っている。しかるに健康について同じように、それが全く個性的なものであることを誰も理解しているであろうか。この場合ひとはただ丈夫なとか弱いとかいう甚《はなは》だ一般的な判断で満足しているように思われる。ところが恋愛や結婚や交際において幸福と不幸を決定するひとつの最も重要な要素は、各自の健康における極めて個性的なものである。生理的親和性は心理的親和性に劣らず微妙で、大切である。多くの人間はそれに気附かない、しかし本能が彼等のために選択を行っているのである。（新潮文庫、一〇七頁）

いるものとしての健康から出立して、如何にしてこの自然のものを形成しつつ維持するかということが問題であった」とされる（新潮文庫、一〇八頁）。

三木のいう「生理的親和性」とは健康における相性のようなものと考えればよいでしょう。結婚するときの大きな条件の一つとして、身体的に引きつけられるという言葉をアドラーは使っています。それは加齢と共に衰えるではないかという反論に対して、本当に愛しているカップルであれば、身体的に引きつけられなくなるということはないと、アドラーが妙に力説しています。しかし、ここで三木は、人々は生理的親和性にあまり注目しないのだと言っています。

三木自身の体験を振り返ると、最初の妻、喜美子夫人のことを思い出しながら言っているのかもしれません。丈夫じゃなかった、弱かったと言われるかもしれないが、そういう問題ではない、個性と個性の問題なのだと、言いたいのかもしれません。

かように健康は個性的なものであるとすれば、健康についての規則は人間的個性に関する規則と異らないことになるであろう。——即《すなわ》ち先ず自己の個性を発見すること、その個性に忠実であること、そしてその個性を形成してゆくことである。生理学の規則と心理学の規則とは同じである。或いは、生理学の規則は心理学的にならねばならず、逆に心理学の規則は生理学的にならねばならぬ。（新潮文庫、一〇七頁）

一九三六年に十月に発表した「保健問題の深刻性＊」と題する記事には、非常時意識がかえって青年の肉体の頽廃の原因となっている、社会に希望があれば人間は健康になると書いています。裏返せば今の社会に希望がないということでしょう。三木は、健康は各人のものである、と何度も繰り返して言っています。ここを強調しているのだとすれば、健康は個人個人のためのものだから、国家のための健康ではないのだと言っているように読めなくもありません。

身体の体操と精神の体操

健康の問題は人間的自然の問題である。というのは、それは単なる身体の問題ではないということである。健康には身体の体操と共に精神の体操が必要である。（新潮文庫、一〇八頁）

ここで三木が書いている精神の体操とは、他の章にも出てきます。前著で扱った「怒りについて」では、体操が精神の無秩序を整えることができる、と言っていますし、「娯楽について」では、ここと同じように身体と精神に体操が必要だと言っています。＊＊

精神の体操とは、いかにもスポーツを好んだ三木らしい表現ですが、近代倫理学の抽象性に対する三木の批判が背景にあります。「怒りについて」には「生理学のない倫

＊コラム「保健問題の深刻性」は、章末注3を参照。

＊＊アラン『幸福論』によく似た表現がある。第11章の章末注3を参照。

理学は、肉体をもたぬ人間と同様、抽象的である」とありました。[*] かつての倫理学は、人間が自らの感情をコントロールする技術についても具体的に論じたものでした。

「幸福について」では、心理学が哲学から分かれて独立し、自然科学的傾向を強めたことで、人間心理の批評をになう学問がなくなってしまったと、「心理学をもたないことが一般的になった今日の哲学の抽象性」を嘆いています。[**] 生理学のない倫理学への批判と通じるものがあります。

*「怒について」新潮文庫、六〇頁参照。

**「幸福について」(新潮文庫、一一九頁)

病気や健康は価値判断である

健康とは何か、病気とは何か。なにをその基準としているでしょうか。

> 近代主義の行き着いたところは人格の分解であるといわれる。しかるにそれと共に重要な出来事は、健康の観念が同じように分裂してしまったということである。現代人はもはや健康の完全なイメージを持たない。そこに現代人の不幸の大きな原因がある。如何《いか》にして健康の完全なイメージを取り戻すか、これが今日の最大の問題の一つである。(新潮文庫、一一〇頁)

三木は、健康のイメージについて、ニーチェ[***]やヤスパース[****]の言葉を引いて、科学的

***ニーチェ『悦ばしき知識』第三書

な判断ではなく価値判断ではないかと言っています。

「健康そのものというものはない」、とニーチェはいった。これは科学的判断ではなく、ニーチェの哲学を表明したものにほかならぬ。「何が一般に病気であるかは、医者の判断よりも患者の判断及びそれぞれの文化圏の支配的な見解に依存している」、とカール・ヤスペルスはいう。そして彼の考えるように、病気や健康は存在判断でなくて価値判断であるとすれば、それは哲学に属することになろう。（新潮文庫、一一一頁）

つまり、ニーチェやヤスパースのいうように、健康とは当事者の価値判断なのだとすれば、哲学ではない科学としての医学にできる健康の定義としては「平均というものを持ち出すほかかない」。医師は私たちの身体の状態を計測して数値化し、その標準をもって健康のバロメーターとしています。たとえば、血圧とか、血糖値とか、尿酸値とか、体脂肪率とか。ところが三木は、平均を標準とした健康観は、私たち一人一人のものとしての健康の本質をとらえるうえでは意味がないと言います。

しかしながら平均的な健康というものによっては人それぞれに個性的な健康につい

一二〇番に書かれた言葉。章末注4を参照。

＊＊カール・ヤスパース（一八八三―一九六九）はドイツの哲学者。初め精神病理学者として出発し、のちにハイデガーと並ぶ実存哲学の代表者とみなされた。初期の著作に『精神病理学総論』、『世界観の心理学』など。ここで三木が何を参照したかは不詳。

て何等本質的なものを把握することができぬ。(新潮文庫、一一一頁)

医師の判断は客観的だと言われます。少なくとも、近代医学が成立してからの医師は、その診断が客観的であることを目指したはずです。

しかし、各自の個性としての健康のイメージとは、客観的な数値からつくられるものではなく、目的論的な概念なのだとしたらどうでしょうか。

アドラー心理学では、患者自身が器官劣等性をもっていても、自分が立ち向かわなければならない人生の課題から逃げるのではなく、その課題に勇気をもって取り組めるかどうかは、本人が決められるのだと考えます。与えられた自分の身体のあり方は個性的なもので、一方でそれをうまく生かす人がいるという話を先ほどしましたが、他方で個性的なものであるにもかかわらず、平均化しようとする人がいて、しかもランキングまでつける人もいます。

私の父は、私が病気になったことを知ってから元気になりました。それまでは電話をかけてきては自分の病気の話ばかり長々としていたのに、私が心筋梗塞で倒れたと言ったら、十歳ぐらい若返ったように元気になったのです。我が子の病気を心配してのことです。それぐらい人の健康には主観的なところがあるだろうと思います。

健康というのは平和というのと同じである。そこに如何《いか》に多くの種類があり、多くの価値の相違があるであろう。（新潮文庫、一一二頁）

健康とは数値化されず、個性的なものだという「健康について」の最後は、このような文章で締められています。戦争の色がいよいよ濃くなったなか、健康と平和が同じであると書かれているのは考えさせられます。

三木が亡くなってから七十年以上の歳月がたちましたが、今の私たちはなにをもって平和としているのか、平和の完全なイメージを私たちは持っているのだろうか、と自らに問わざるをえません。

〈注〉

（1）「友情」より。

「隅田川の思い出はここに書き盡《つ》くすことができないほど豐富である。我々の有っておる順応性ほど恐しいものはない、初めは苦痛を忍んで川へ行っていたが、後には平気になり、終には却って愉快となった。体はめきめき頑強になって来て腕には力が溢れて来るし、心臓の鼓動は強くなるし、血管には快い感が漲《みなぎ》って来た。」（全集第十九巻、三三頁）。

（2）『ベーコン随想集』「養生法について」より。

「このことについては、医術の通則を越える知恵がある。それは自分自身の観察であって、自分が有益だと思うもの、および有害だと思うものが、健康を保つ最善の医術である。しかし、「これは私にはさわらないから、私はこれを用いてもよい」と言うより、「これは私には合わないから、私はこれをつづけたくない」と言うほうが安全な結論である。若い時は体力に任せてつい多くの無理をしがちだが、それが老年までたたるからである。」（『ベーコン随想集』渡辺義雄訳、岩波文庫、一四四頁）

（3）「保健問題の深刻性」より。

「近年いわゆる非常時にふさわしく全ての機関を動員して青年の訓練が行われている。しかしその指導方針がどれほど有力であったか、年々悪化してゆく青年の健康の一事を考えてみても、甚《はなは》だ疑問になるであろう。肉体の頽廃と精神の頽廃とは分つことができぬ。社会に希望があれば人間も健康になる。自己の使命の確信があれば肉体の力も出てくるものである。いわゆる非常時意識が却《かえ》って青年の肉体の頽廃にとってその原因となっていはしないかが危ぶまれるのである。そこにまさに今日の保健問題の深刻性が潜んでいる。」（『時代と道徳』全集第十六巻一六九〜一七一頁）

（4）ニーチェ『悦ばしき知識』第三書一二〇番より。

「魂の健康。——愛好されている医学的な道徳訓（その元祖はキオスのアリストンだが）「徳とは魂の健康である」——これは、使用に堪えるためには、すくなくとも次のように修正されねばならぬ、——「汝《なんじ》の徳とは汝の魂の健康である」、と。なぜなら、健康そのものというものはないからだ。また、事柄をそんな風に定義しようとするあらゆる試みは、惨《みじ》めにも失敗に終わった。君の肉体にとってすら健康とは何を意味すべきかを、決定するのには、君の目標、君の視界、君の力量、君の衝動、君の錯誤とくに君の魂の理想や幻想が、極《き》め手《て》となるのだ。それゆえに数かぎりない肉体の健康がある。」(『悦ばしき知識』〔ニーチェ全集8〕信太正三訳、ちくま学芸文庫、二一三〜二一四頁)

7　心の秩序と深い智慧――「秩序について」を読む

外的秩序と心の秩序の合うところ

「秩序について」は、家政婦さんへの愚痴のような日常的な話題から始まります。

例えば初めて来た家政婦に自分の書斎の掃除をまかせるとする。彼女は机の上やまわりに乱雑に置かれた本や書類や文房具などを整頓してきれいに並べるであろう。そして彼女は満足する。ところで今私が机に向って仕事をしようとする場合、私は何か整わないもの、落着かないものを感じ、一時間もたたないうちに、せっかくきちんと整頓されているものをひっくり返し、元のように乱雑にしてしまうであろう。（新潮文庫、一一三頁）

他人から見れば散らかっているように見える部屋も、その本人にしてみれば自分なりに整理されている（秩序がある）のだと言い張る人は、どちらかといえば、男性に多いようですが、実は私もその一人です。その机の主、その部屋の主の心の秩序に合致している状態が真の秩序であるという三木の意見に、我が意を得たりとうなずく人もいるのではないでしょうか。そして、次のように言います。

どのような外的秩序も心の秩序に合致しない限り真の秩序ではない。心の秩序を度《ど》外視《がいし》してどのように外面の秩序を整えたにしても空疎《くうそ》である。（新潮文庫、一一三頁）

ふつう秩序といえば、権威主義的な政治家や官僚が言うような、生命の感じられない、あるいは生命を奪うメカニズムというのが、一般的なイメージでしょう。それと反対のことを三木は唐突に言い出します。

秩序は生命あらしめる原理である。そこにはつねに温かさがなければならぬ。ひとは温かさによって生命の存在を感知する。（新潮文庫、一一四頁）

アドラー心理学では「課題の分離」ということを言います。たとえば、勉強というのは子どもの課題であって、親の課題ではない。ですから、きちっと分けた方がよいということを言うと、すごく冷たいと言われることがあります。お子さんの学校の成績に親の方が熱くなっている場合がそうです。しかし、どんなに親が子どもの勉強に熱中しても、親が子どものかわりに学校に行くわけではないので、子どもの成績に一喜一憂しても意味がない。このように、誰の課題かわからなくなっているような状態が無秩序です。

そこで、親の課題は子どもを育てること、勉強をする子どもを支援することであって、勉強すること自体は子どもの課題であるというぐあいに、親と子の課題を分離することは人間関係に一つの秩序をつくることです。

だからと言って、その秩序ある関係が冷たい関係だということにはなりません。課題の分離について、自分のことは自分でしろと冷たく突き放すようなものだと考える人もいますが、それは誤解です。むしろ、課題の分離には温かさがある、と三木にならって言いたいところです。

節約は教養である

さて三木は、一見乱雑な書斎でも、そこにあるものを捨ててしまえば秩序ができるわけではないといいます。断捨離という言葉が流行ったこともありましたが、なんでも片づけてしまえばよいというものではありません。こうしてみると、三木の人生論は不精者に大歓迎されるかもしれませんが、それは単なる放漫とは違います。秩序はつねに経済的であり、経済の原理は秩序の原則であるとして、節約の意味を説いています。

節約――普通の経済的な意味での――は秩序尊重の一つの形式である。この場合節約は大きな教養であるのみでなく、宗教的な敬虔《けいけん》にさえ近づくであろう。逆に言うと、節約は秩序崇拝の一つの形式であるという意味においてのみ倫理的な意味をもっている。無秩序は多くの場合浪費《ろうひ》から来る。それは、心の秩序に関して、金銭の濫費《らんぴ》においてすでにそうである。（新潮文庫、一一四頁）

ここで言われる節約とは単なるケチのことではありません。最少の費用で最大の効用を挙げるためですから、最少の費用すら惜しむような純粋な利己主義者にはほんとうの節約はできないのです。

節約は「大きな教養」だと言っています。「教養」という言葉はドイツ語のビルドゥングスの訳語で、建設する、形作るという意味があります。そこから人間を形作るものという意味で「教養」と訳されたのです。節約は教養だというのも、出費に秩序をもたらし、経済のよい形をつくるという意味だと言いたいのでしょう。その意味での節約は市民社会のモラルでもあるのです。

心の秩序とは「徳」である

三木は、秩序の話を経済から美学へ広げます。

最少の費用で最大の効用を挙げるという経済の法則が同時に心の秩序の法則でもあるということは、この経済の法則が実は美学の法則でもあるからである。（新潮文庫、一一五頁）

技術との類比で徳を論じるのは初期のプラトン対話篇の特色です（『ゴルギアス』）。本当に知っていたら実際にできる。知識の集積とともに能力の鍛錬も必要だ。教科書を読んでいてもそれだけではだめだと言っています。そして、プラトンからソクラテスの言葉として、「徳は心の秩序である」を引きます。「徳は心の秩序である」という定義をソクラテスは技術によって論証した、そこが重要であると三木は言います*。

このあと、三木は、知識人とは、原始的な意味において「他の人間の作り得ないものを作り得る人間」だと、古代ギリシアの叙事詩人ホメーロスが描いた叙事詩『オデュッセイア』の登場人物たちを例に挙げて注意を喚起します。

＊「徳は心の秩序である」というのは、三木はプラトン『ゴルギアス』からこの発想を引き出している。章末注1「道徳の理念」も参照。

知識人というのは、原始的な意味においては、物を作り得る人間のことであった。他の人間の作り得ないものを作り得る人間が知識人であった。知識人のこの原始的な意味を我々はもう一度はっきり我々の心に思い浮べることが必要であると思う。ホメロスの英雄たちは自分で手工業を行った。エウマイオスは自分で革を截断《せつだん》して履物《はきもの》を作ったといわれ、オデュッセウスは非常に器用な大工で指物師であったように記されている。我々にとってこれは羨望《せんぼう》に価《あたい》することではないであろうか。（新潮文庫、一一六～一一七頁）

エウマイオスは主人オデュッセウスから豚の飼育を任されている忠僕ですが、牧場に石垣をめぐらせた立派な中庭を築き、牛皮を加工して自分の履くサンダルを作る姿が描かれています＊。ホメーロスの描いた英雄たちがものを作る人間だったという話を持ち出しているのは、人間というものを、世界を認識するとか、真理を追究するというだけでなくて、ポイエーシス＝制作という観点から考えるということでしょう。

三木には、知識人は自分の行為を通じて共同の理念を形成していくのだという考えがありました。知識人とは観照するだけでなく、現実に働きかけるものだということでしょう。共同の理念とは、具体的には法制度に代表される社会のルールです。

＊『オデュッセイア』第十四歌参照。

古代ギリシア、アテナイの法律は賢者ソロンがつくったのだとされています。もちろん、本当にソロンという人が一人ですべての法をつくったのではなく、旧来の法制度を改革したのでしょう。より古くはギリシアでは法は神がつくったとされていました。ところが、ソロンをはじめとした知識人たちがあちらこちらを歴訪して、法は人がつくったものだということが知れわたるようになって、法についての見方がずいぶん変わったと言われています。古代ギリシアではすでに王権神授説は崩壊していたのです。「我々にとってこれは羨望に価することではないであろうか」というのは、三木が直面していた現実がそういうものではなかったということです。

秩序の構想には価値体系が必要である

次に「道徳」へ話は移ります。作ることによって知ることが大切であり、道徳もそのように実証的であるべきだと三木は言います。そしてプラトンによる国家の秩序を取り上げます。＊＊

> プラトンが心の秩序に相応して国家の秩序を考えたことは奇体なことではない。この構想には深い智慧が含まれている。
> あらゆる秩序の構想の根底には価値体系の設定がなければならぬ。しかるに今

＊＊章末注2参照。

日流行の新秩序論*の基礎にどのような価値体系が存在するであろうか。（新潮文庫、一一七頁）

プラトンの『国家』は正義とはなにかという問題から議論をはじめています。国家を人間の魂にたとえて議論をしていますが、これは逆に魂を国家の構造や機能にたとえて考察しているとも言えます。そこでプラトンは人間の魂を、理知的な部分、気概の部分、欲望の部分に三分割します（魂の三区分説）。これは国家でいえば、政治指導層、軍人、生産者市民に該当します。このような秩序における正義とはなにかというと、それぞれがほかの人たちの領域に踏み込まないということです。

ここでは心にも国家にも、あるべき秩序があり、政治のシステムにも秩序があるべきだ。けれども、今日、そうはなっていない。価値や道徳が失われている。価値を語るべき倫理学ですら価値体系の設定という仕事を投げ捨てていると三木は嘆きます。

心理学も同じで、かつてアドラーは価値を前面に打ち出した心理学を提唱しましたが、価値を語るのは科学的ではないと批判されました。この事情は現在でも変わっていません。現代の心理学の主流は実験心理学で、脳生理学や動物行動学の知見をとりいれたり社会学的な統計に依拠したりしていて、価値というものを語らない。

価値を語ったら科学ではなくなるというけれども、人間の心のはたらきは、劣等感

＊「流行の新秩序論」とは、おそらく三木自身もかかわった東亜新秩序構想のこと。『人生論ノート』を連載していたのとほぼ同時期に、三木は近衛政権のブレーン集団であった昭和研究会に参加し、一九三九年に、同会編の政策パンフレット『新日本の思想原理』を執筆。『新日本の思想原理』は全集第十七巻に資料として収録。なお、永野基綱は三木の意図を次のように推測している。「戦争が掲げる「建前」を梃子《てこ》に、戦争目的を何とか侵略から方向転換しようというのが、パンフの、三木の戦略である。」（永野基綱『三木

にしても優越感にしても価値を基準にしていますから、心理学から価値を抜きにしたら人間の精神状態を記述することすらできない。それなのに、数値で表されることばかりが心理学者の関心の対象になっています。

たとえば、不登校児童を何人減らせたかということがカウンセリングのエビデンスとされたりしていますが、その一人一人の子どもが学校に行くべきかどうかということは問題にされない。何人が登校して何人が不登校だったかという量的なことだけが論じられる。行くべきかどうかは価値（当為）にかかわることなので、そこはふれないのが科学的だということですが、はたしてそれで問題解決といえるのでしょうか。

無秩序が独裁政治の基盤になる

さて、三木は、新秩序に関連してニーチェ＊＊の思想を挙げます。近代デモクラシーには、虚無主義、アナーキーに堕する危険があり、それを最も深く理解していたニーチェの思想はアナーキーの表現でもあった。その虚無主義（ニヒリズム）は独裁政治の基盤となる危険があるのだと警告します。

そしてかような虚無主義、内面的なアナーキーこそ独裁政治の地盤である。もし独裁を望まないならば、虚無主義を克服して内から立直らなければならない。しかるに今

清』清水書院、一九四頁）。しかし、当時の近衛政権は戦争を止めることができずに戦局は泥沼化した。

＊＊ニーチェ（一八四四―一九〇〇）はドイツの思想家、ちくま学芸文庫に『ニーチェ全集』（全十五巻）がある。三木は「ニーチェと現代思想」（全集第十巻所収）でニーチェの近代批判は評価しながらも、「ニイチエ問題」でニーチェの自然主義は虚無主義と密接な関係をもっており、その「自然主義は現代のナチスの思想にも深いつながりがある」と指摘している（全集第二十巻、二三四～二三五頁）。

日我が国の多くのインテリゲンチャは独裁を極端に嫌いながら自分自身はどうしても二ヒリズムから脱出することができないでいる。（新潮文庫、一一八頁）

「内面的なアナーキーこそ独裁政治の地盤」とは、カール・シュミット*のことも念頭に置いているように思われます。三木は「ナチスの理論家カール・シュミット」の政治哲学を、他の論文やコラムでたびたび批判的に取り上げ、「現代のアナーキーを救うと称して現われた政治思想がみずから一種のアナーキズム、逆立ちしたアナーキズムにほかならない**」と評しています。

三木はここで近代デモクラシーを問題にしていますが、近代には限られないのであって、プラトンもデモクラシーの堕落を指摘しています。民主主義の堕落は紀元前の古代ギリシアですでにあったことです。というより、近代の民主主義は、古代ギリシア・アテネのデモクラシーをモデルに構想されたものなので、似たような問題が持ち上がるのは当然のことだとも言えます。

ソフィストの思想の代表としてプロタゴラスの言う「万物の尺度は人間である」という発想***が挙げられます。法も道徳も神の定めたものではなく人間がつくったものなのだという、それ自体は事実である知見から、絶対的な価値というものはなくすべては相対的であるという主張が出てきます。ここに居直ってしまうと、なにが正しく、な

*カール・シュミット（一八八八—一九八五）はドイツの法学者・政治学者。『政治的なものの概念』などの著作で議会制民主主義を批判し、理論的にナチスによる独裁への道を開いた。

**「世界文化の現実」（全集第十四巻）。章末注4も参照。

***三木「ソクラテス」より。「それは真理の基準を種としての人類にではなく個人に置

にが間違っているか、なにが善くて、なにが悪いのか、といったことについての議論はするだけ無駄ということになってしまいます。

しかし、たとえば、ある料理について、これは美味いとかまずいとかについては各人の主観的判断が認められてしかるべきだけれども、その食べ物が有毒かどうかについては、各人の食べものの好き嫌いを離れて客観的に判断することが必要です。各人の利害や好き嫌いを離れて、みんなにとってなにが有益でなにが有害かという判断の共有ができなければ、とんでもないことになります。

実際に、福島第一原発の事故のとき、放射線被ばくの危険性について、専門家の意見がまちまちで、どの説を信じたらよいのかわからず、避難を強いられた人たちがたいへん混乱したということがありました。なかには、ニコニコ笑っていれば影響はないと言い放った学者までいたと報じられました。放射能の人体への影響を気の持ちようですますなら、科学にはなんの意味もないことになってしまいます。

このように、なにが真実でなにが虚偽か、なにが正しくてなにが間違っているかがわからなくなってしまうと、デモクラシーは機能不全に陥ります。政府は市民に真実を伝えなくなり、政治家は大衆受けする格好のいいセリフで人気を稼ごうとする。ポピュリズムの到来です。

現代の私たちと同じ問題に、三木も直面し、その課題を解決しようと奮闘していた

き、如何なる人の表象、判断も真という点においては価値を同じうすると述べたものである故、すべての人に等しく自己の意見を主張する権利を認めるという実際生活から生れ出た相対主義を言い表わしたものである。」（全集第九巻、三五九頁）

のでした。*

外的秩序は強制的に作ることができるが、心の秩序はそうではない。人格も自由も秩序であるということを理解すれば、客観的なものを認めなければならないのだから、虚無主義に陥らないだろう。しかし現実はそうではない、と三木は危機感を募らせています。**

人格とは秩序である、自由というものも秩序である。……かようなことが理解されねばならぬ。そしてそれが理解されるとき、主観主義は不十分となり、何等か客観的なものを認めなければならなくなるであろう。近代の主観主義は秩序の思想の喪失によって虚無主義に陥った。いわゆる無の哲学も、秩序の思想、特にまた価値体系の設定なしには、その絶対主義の虚無主義***と同じになる危険が大きい。（新潮文庫、一一八〜一一九頁）

〈注〉

（1）「道徳の理念」より。

「為さぬことは徳であり得ず、徳とは為すこと、善く為すことである。徳は活動と、活動

*「智慧の秩序」（全集第十九巻）で、反独裁のための新秩序建設を知識層に訴えている。章末注5を参照。

**「現在の危険は、一方行為的現実から遊離して一般的な可能性の思惟のうちに彷徨することであると共に、他方一切の理論を拋棄《ほうき》して単なる行動主義におもむくことである。それらは共に虚無主義にほかならない。」（「危機の把握」全集第十四巻、五六二頁）。

***「智慧の秩序」に東洋的虚無主義についての文章がある。章末注6を参照。

は仕事、自己に固有の仕事と結び附いている。徳と活動或いは行為がこのように仕事と結び附けて考えられるところから、徳と技術とがまた結び附けて考えられた。『ゴルギアス』の中でソクラテスは、建築術、造船術、医術等に絶えず関係附けながら、善とは何であるかを解明している。例えば善い建築家即ち徳を有する建築家というのは、自己の形成するものに正しい形 εἶδος〔エイドス＝ギリシア語〕を与える者である。彼は役に立つ家を作ることができる。役に立つ家というのは秩序を有する家のことである。身体や霊魂についても同じように考えられる。身体のうちに秩序が具わることによって健康その他の身体の徳を作り出し得る者が善い医者である。霊魂の徳というのも霊魂のうちに作られる秩序にほかならぬ。」（全集第五巻、四一〇頁）

（2）「ソクラテス」より。

「専門の知識（エピステーメー）は道徳的知見（プロネシス）とつねに結び付かねばならない。各人がその位置に就き、各人がその位置において道徳的であるということが社会の理想的状態である。そしてこれはまさにプラトンが『ポリテイア』において描いた理想国の思想であり、プラトンは恐らくそれをソクラテスから吹き込まれたものであろうと思われる。」（全集第九巻、四四一～四四二頁）

（3）「智慧の秩序」より。

「ヨーロッパの状態を見てもわかるように、独裁的政治が出て来た心理的理由は、虚無主義であった。これを脱却する為には、上から暴力を以てこれに一種の秩序を与える外はない。ニーチェによって代表されたドイツ的な虚無主義が陥っていた所はそういう思想であり、それがナチズムの発生した心理的根拠である。その点に於《お》いて既にニーチェはファシズム的政治形態を予言し、要求していた。故に日本に於ても、若し一種の虚無的な状態が永続して行くとすれば、それは独裁主義を喚び起す根拠になろう。だから日本のインテリゲンチャがそれを好まないならば、自分の手で、ニヒリズムを脱却する方法を確立しなければならない。只《ただ》徒《いたず》らに虚無的な批判と逃避とに終りながら、独裁を排撃しようとしても無駄であり、却ってそれは逆の原因になると思う。というのは近代的な世界が陥って行った虚無主義は、何らかの方法で克服されねばならない。その途が他にないとすれば、政治的な力による外《ほか》ないのである。それ故に若《も》しも我々が独裁的なものを欲しないならば、自分で新しい秩序を見つけて行かなければならぬ。つまりこの新しい秩序の精神が、現代の精神であるべきである。これが唯外部から与えられるか、それとも内から自分の力によって確立して行くかということが、大きな岐れ目である。今日の日本の運命を決する程に重要な点であろうと思うのである。」（全集第十九巻、八三四〜八三五頁）

（4）「世界文化の現実」より。

「シュミットに依れば、政治にとって最も根本的な範疇は「敵と味方」という概念である（『政治の概念』第三版一九三三年）。敵味方の関係が政治の現実的な可能性の根拠であり、この関係の存在しないところには一般に政治というものは存在しない。かようにしてまた「戦争」が政治の根本概念である。戦争が政治の目的或いは内容であるというのでなく、一層原理的に、戦争が政治の可能性そのものの前提であるというのである。およそ政治という現象は戦争によって基礎付けられており、敵か味方かと絶えず決意するところに我々の政治的存在は可能になる。ここに戦争というのは単に軍事行動としての戦争のみをいうのでなく、一層原理的に、我々が政治の領域にある限り、あらゆるものが戦争であり、敵と味方に分れると考えられるのである。いわゆる戦争は謂《い》わば政治の最大の可能性の表現である。かようにして、戦争の可能性が残りなく除去され消滅した世界、終局的に平和化された地球は、味方と敵との区別のない世界であり、従って政治のない世界である、とシュミットは云っている。ところで政治のない世界はアナーキーと呼ばれねばならぬであろう。それ故に戦争のない平和な世界はアナーキーの世界にほかならず、戦争を根拠として一般に政治は可能になるというシュミットの政治論は、その内実においては、逆立ちしたアナーキズムであると見ることができるであろう。現代のアナーキーを救うと称して現われた政治思想がみずから一種のアナーキズム、逆立ちしたアナーキズムにほかならないのではなかろうか。戦争のないところに果して如何なる政治も可能でないのであろうか。シュミットに従えば、政治の存在が現実的に可能であるためには、永久に戦争が存在しなければならないわけであるが、かような永久戦争論はあの永久革命論と同じく政治の浪漫主義である。それはアナーキズムと同様、或いはそれ以上、浪漫的であると云わねばならぬであろう。現代のアナーキーの克服はかような政治理論をもってしては不可能である。」（全集第十四巻、八～九頁）

（5）「智慧の秩序」より。

「しかし凡ての人間が無秩序であるとすれば、それを支配するには強制的に抑圧せざるを得ない。日本はこういう危険にあった。つまりニヒリズムの結果は、独裁的な支配を必要として来た。本当に暴力的独裁に反対するなら、自分で進んで新秩序を建設して行く精神が、自分の中に生れなければならない。この秩序の精神こそ最も日本の国民に欠けていはしないか。この点に於て、一層建設的構成的な合理性、組織性というものが、国民の間に浸潤すべきであり、インテリゲンチャは、その為に大きな望みを失ってはならぬ。自由を欲することが、唯《ただ》圧政を払い除ける事であるというならば、混乱は益々激しくなるばかりである。そういう考え方によっては今日の時代は何ら進歩しないのである。真の自由を知る新しい秩序の思考を、如何《いか》にして捉えて行くかという事が、我々の最も直接な、しかもその帰結に於て最も重大な問題であると考える。」（全集第十九巻、八四三〜八四四頁）

（6）「智慧の秩序」より。

「東洋の広くいえば無の哲学というものは、勿論西洋的なニヒリズムとは違い、一層積極的現実的意味を持ち、またその方向に発展せらるべきものである。しかし哲学者の意図或《あるい》は努力にも拘らず、東洋的虚無主義というべきもの、一種の無政府主義的な気持というものが、知らず識らず心理的な影響として、人々の中に現れて来る傾向を持っているのである。東洋殊に支那印度の思想の中には、そういうアナーキスチックな虚無思想というものが、非常に根強く存在して居り、禅の復活という様な面にすら、そういう気持が出て来るのである。これは特に今日の若い人々が、東洋的なものを研究し、またそれに興味を持つ場合注意しなければならない非常に主要な、一種の心理的な問題であると思う。」（全集第十九巻、八三三頁）

8　思想と仮説――「仮説について」を読む

各人は一つの仮説を証明するために生れている

すべて確実なものは不確実なものから出てくるのであって、その逆でないということは、深く考うべきことである。つまり確実なものは与えられたものでなくて形成されるものであり、仮説はこの形成的な力である。認識は模写でなくて形成である。精神は芸術家であり、鏡ではない。（新潮文庫、一二八頁）

「仮説について」は、思想においての仮説の意義から語り出されます。先の引用は初めの断章の最後の段落の文章です。ここの「仮説は形成的な力」であるというところに注目したいと思います。三木のいう仮説とは、文字通り仮の学説、仮定の説として作り出されたもののことではなく作り出す力、もしこうであったらどうなるだろうと与えられた現実を越えて考える力、理念を設定する力のことなのです。この点でアドラーの目的論との類似があるといえるかもしれません。

この章は思想の方法的考察のように始まっていますが、三木は、「しかし思想のみが仮説的であって、人生は仮説的でないのであろうか」と自問し、「人生も或る仮説的なものである」と言います。


各人はいわば一つの仮説を証明するために生れている。生きていることは、ただ生きているということを証明するためではないであろう、――そのような証明はおよそ不要である、――実に、一つの仮説を証明するためである。だから人生は実験であると考えられる。――仮説なしに実験というものはあり得ない。――もとよりそれは、何でも勝手にやってみることではなく、自分がそれを証明するために生れた固有の仮説を追求することである。（新潮文庫、一二八～一二九頁）

仮説とは、自分がそれを証明するための「固有」の仮説ですから、表現を変えれば、運命や個性といってもいいかもしれません。自分のテーマを追求すること、それ自体が人生であるということです。

たとえば、この人生は無意味かもしれないという不安に襲われた時、自分が生きていることにある意味づけをするのは仮説です。それを証明することが実験です。仮説を立てそれを証明していくことそのものが、われわれの人生であるということです。人生における仮説を、生活設計や人生設計のように考えてしまうと、数値や達成度で人生のよしあしをはかるようなことになります。三木が「人生は実験である」と言っているのはそういうことではありません。

人はなぜ生きるのか、ということを考えなかった人はいないでしょう。もしくは、何かのことをきっかけにして、そういう問いを考え始めます。

たとえば病気になったときに、自分の人生の意味を考え始めるでしょう。その時に、人生についての仮説的な思考が始まる。いままで生きてきた人生は、まったく意味がなかったのではないかとか、これからはこんな風に生きていくのがいいのではないかというように考える。そうすると、病気から快復して生き始めたときに、それからの人生はその仮説を証明する生き方になります。

ほかにも、失恋したとき、進学や就職に失敗したとき、離婚したとき、退職したときなど、人生の岐路といわれる場面で、私たちはしばしば、これまでの人生を反省し、新しい人生を模索します。

これまでは、名誉であるとか、成功であるとかを人生の大きな目標としてみてきたけれども、人生のつまずきがきっかけでそれに意味がないことがわかった。これからはそういうものに価値を置かない生き方をしようと思って生きる。そうすれば成功は人生の価値ではないという仮説を証明するための生き方になる。

すべての人間は人生に関して小説家である

三木は、『人生論ノート』の「虚栄について」では「人生はフィクション（小説）である」と書いています。ここでも、人生が仮説であるということはフィクションであるということだ、とあります。[*]三木は、フィクションという言葉を肯定的な意味で使っています。

小説家の創作行動はただひとすじに彼の仮説を証明することである。人生が仮説の証明であるという意味はこれに類似している。仮説は少くともこの場合単なる思惟に属するのでなく、構想力に属している。それはフィクションであるということもできるであろう。（新潮文庫、一二九頁）

普通の人は自分の人生という一つの小説しか書けないが、小説家はたくさんの小説を書ける、と「虚栄について」にありました。また、小林秀雄[**]との対談ではこんなことも言っています。

＊「文芸的人間学」では「ゲーテが彼の自叙伝を「詩と真実」と名づけたように、すべて人生は Dichtung の、フィクションの意味を有している。」（全集第十一巻、四七四〜四七五頁）、「すべての人間は多少とも小説家である。彼は自己の描いた像に従って行動する。創造的な行為は一般的な規則から生ずるものでなくて具体的な人間の像に導かれるものであ

> 人間の本質はものを造るにあるという考えなので、ものを造るということは、産業だけではない。すべての文化がそうだし、また人間そのものも造られるものだね。僕は人間というものは小説家的動物だと書いたことがあるが、すべての人間は人生に関して小説家だね。そういう意味まで含めて、工作的人間というものを考えなければならぬと思う。（「実験的精神」小林秀雄ほか『直観を磨くもの』新潮文庫、一二三頁）

つまり小説家のような構想力をもって、自分の人生についても複数のあり方を考えることができるはずだということです。人生の結末として、必然的にこうならざるを得ないあり方は死だけですから、生きているかぎり、複数のあり方を構想することはできる。

もちろん、自分の人生を形作っていくといっても簡単にできることではありません。例えば、有名中学に進学し、有名大学へ進み、大企業に就職するという、いわゆるエリートコースを歩もうとした場合、進学や就職でうまくいっても、ほかの場面でどんな困難に遭遇するかわからないし、エリートといわれる地位についたところで、それが幸福とはかぎらない。そもそも、エリートコースに乗ろうというのは、あらかじめあるメニューのどれかを選んでいくことなので、自分の人生を形作るということにはならないかもしれません。

る。格率的倫理に対して人間的倫理といわるべきものは、一般的な法則でなくて人間の像が直ちにモデルとして我々に働きかけるような倫理である。」（同前、四七六～四七七頁）とされる。

＊＊小林秀雄（一九〇二―一九八三）は文芸評論家。三木を『文学界』同人に誘い、『人生論ノート』執筆のきっかけを作った。

常識には仮説的なところがない

いい学校に進学すればいい会社に就職ができる、いい会社に就職すればいい人生が得られるというのは常識かもしれませんが、必ずしも期待通りになるわけではない。常識がいつも通じると思い込むなら、それは精神のオートマティズムです。常識と思想との違いは、仮説的なところがあるかどうかだと書いています。

そして、思想は信念であり、信念だからこそ仮説なのであり、一方、常識は、信仰なのだといいます。

> 思想は仮説でなくて信念でなければならぬといわれるかも知れない。しかるに思想が信念でなければならぬということこそ、思想が仮説であることを示すものである。常識の場合にはことさら信仰は要らない、常識には仮説的なところがないからである。常識は既に或る信仰である、* これに反して思想は信念にならねばならぬ。（新潮文庫、一三〇頁）

仮説は、本当にそうであるかどうかはわからないので、試してみて実際にそうなるかどうかを証明しなければならない。そこに人間が取り組むべき課題がある。ところ

＊三木『哲学入門』にも、常識について同じような記述がある。「科学的知識はつねに問に生かされ、従って探究を本質とするものである。しかるに常識は問のない然りであり、否定

が常識は、皆がそう思っているからそうなのだということです。常識にはまったく疑い、懐疑がない。世の中はこういうものだという押しつけを、大人は子どもたちにします。子どもたちはそれに対して抵抗するんですが、自分自身が大人になれば同じように子どもに押しつける。皆がしているんだ、人生とはそういうものなんだとなると、そこには探究もなければ懐疑もないし仮説もないということがよくあります。

それを考えると、思春期の反抗期は貴重な機会です。親や学校から常識として与えられた知識に、ＮＯと言ってみたり、ホントかよと言ってみたりしてじたばたもがく時期というのが、常識から仮説への移行と言えます。

ジェネレーション・ギャップという言葉がはやったことがありましたが、世代間にギャップ、ずれがあって当たり前でしょう。** 若い世代が年長者を理解できない、あるいは年長者が若い世代を理解できないということがあってもいい。世代が違えばわかりあえないこともあって当然です。

親世代と子世代の両方から歩み寄り理解し合える関係がいい関係だと思い込んでいる人が多い。そういう若い人たちは、親の期待に応えるいい子であることが大事だと思っている。親に「こういうふうに生きなさい」と言われて、子どもが「ハイわかりました」と言っている限り、親子間にもめ事は起りません。その親子はすごく仲のい

に対立した肯定でなくて単純な肯定である。常識は探求でなく、むしろ或る信仰である。」（三木『哲学入門』岩波新書、三四〜三五頁）。

**「世代の速度」より。「世代の移りゆく速度は大きい。しかもこの国において特に老人が幅をきかしているのである。現代日本の政治が青年の心に訴えることのないのも当然であろう。老人と青年とが互いに理解できない言葉を語っていることが如何に多いか。」（全集第十六巻、三七頁）。なお『哲学的人間学』第二章（全集第十八巻所収）でも世代概念について論じている。

い親子、理想の親子だと思われます。でも、それは偽りの結びつきであって真の結びつきではないのではないでしょうか。

聖書でイエスが「わたしが来たのは地上に平和をもたらすためだ、と思ってはならない。平和ではなく、剣をもたらすために来たのだ」*（『マタイによる福音書』10:34）と語った文章を、三木が『語られざる哲学』のなかに引用しています。**

また一方で、イエスは「わたしが律法や預言者を廃するためにきた、と思ってはならない。廃するためではなく、成就するためにきたのである。よく言っておく。天地が滅び行くまでは、律法の一点、一画もすたることはなく、ことごとく全うされるのである」（『マタイによる福音書』5:17-18）とも言っています。

一点、一画というのはヘブライ語の文字を指しています。ヘブライ語はちょっとしたはねとか点の有無で意味が変わります。イエスは「わたしは敵対させるために来た」と破壊的なことを言っていますが、同時に成就すると言っているのは、本当の律法が成就するために来たのだということです。ユダヤ教では律法の掟を守ることが重視されますが、イエスの時代にすでにそれは形骸化してしまっていた。常識のレベルで受け入れられている律法を一度破壊しないと、人間の真の結びつきは成り立たない。イエスの発言の意図はそうだったろうと思います。

子どものうちに親や世間が言っていることは本当なのかなと問わないのだとしたら、

＊章末注1参照。
＊＊章末注2参照。

自分の人生を模索する機会が先延ばしになってしまう。人間の成長の過程で、反抗期のような時期を経るということは大事なことだということです。

仮説の精神を知らないならば、実証主義は虚無主義に落ちてゆくのほかない。（新潮文庫、一二三頁）

三木は「近代科学の実証性に対する誤解は、そのなかに含まれる仮説の精神を全く見逃したか、正しく把握しなかったところから生じた」と指摘しています。***実証とは仮説があってこそのこと、仮説なしの実証とは、単に目の前の現実を追認しているだけで、そこにはなんの発見も創造もない。現実はこうなっているのだから仕方がないという浅薄なリアリズムはなにもしないことの言い訳にしかならない。それはやがてニヒリズムに落ちてゆくと三木は警告しています。まさに仮説（目的）なしに実験（人生）というものはありえないのです。

〈注〉

（1）『マタイによる福音書』（10:34-39）より。

***『哲学入門』にも類似の文章がある。「経験するとは働くことによって知ること、知ることによって働くことである。近代科学における実証的精神というものの本質もそこにあるのであって、その実験的方法は経験の自覚であるということができる。」（岩波新書、一一一頁）

「10：34わたしが来たのは地上に平和をもたらすためだ、と思ってはならない。平和ではなく、剣をもたらすために来たのだ。35わたしは敵対させるために来たからである。人をその父に、／娘を母に、／嫁をしゅうとめに。36こうして、自分の家族の者が敵となる。37わたしよりも父や母を愛する者は、わたしにふさわしくない。わたしよりも息子や娘を愛する者も、わたしにふさわしくない。38また、自分の十字架を担ってわたしに従わない者は、わたしにふさわしくない。39自分の命を得ようとする者は、それを失い、わたしのために命を失う者は、かえってそれを得るのである。」（『聖書』新共同訳、日本聖書協会）

（2）『語られざる哲学』より。

「押しが強いと云うこと若しくは自己を主張すること若くは反抗すると云うことがそれ自身誤っているのではない。（中略）私は基督《キリスト》の大いなる言葉に就《つい》て思い廻らそう、「われ地に平和を投ぜんために来れりと思うな、平和にあらず、反って剣を投ぜんために来れり。それ我が来れるは人をその父より、娘をその母より、嫁をその姑嫜《しゅうとめ》より分たんためなり。」悪に対して剛《つよ》き心はやがて善に対してやさしき心である。私は他人に対して反抗する前に自分自身に対して反抗しなければならない。」（全集第十八巻、二〇頁）

9　旅と自由——「旅について」を読む

旅は日常からの脱出であり過程である

三木は、「家居旅心*」と題したエッセイに、近頃あまり旅に出ないと書いています。旅は嫌いではないが、その準備にかかる面倒を考えてやめてしまうのだそうです。しかし実際には、三木は若いころのドイツ・フランス留学をはじめよく旅をしています。

この「旅について」は、ほかの章と違って『文学界』に掲載されたものではないため、いつ書かれたかはっきりしません。**ただ、『人生論ノート』の後記に、三木自身が「このノートは「旅について」の一篇を除き、昭和十三（一九三八）年六月以来『文学界』に掲載されてきたものである」と書いていますから、後記の日付、昭和十六（一九四一）年六月二日までに書かれたことはたしかです。

『人生論ノート』単行本刊行の前年、三木は、春の一カ月余りを中央公論社の依頼で「中支那」に滞在し、さらに同年八月には満州国の招きで二カ月滞在して、各地を

*全集第十七巻所収、初出は『サンデー毎日』一九三七年七月四日。

**現在刊行されている『人生論ノート』では、「旅について」は「希望について」の後に置かれているが、三木生前に刊行された創元選書版初版では「仮説について」の次に置かれており、また「偽善について」「娯楽について」「希望について」の前に書かれている。そのため、本書では「仮説について」の後「偽善について」の前で扱う。

視察・講演しています。その旅で三木自身が味わったことだったかどうかはわかりませんが、旅は漂泊《ひょうはく》の感情*を抱かせると言っています。

旅におけるかような解放乃至《ないし》脱出の感情にはつねに或る他の感情が伴っている。即ち旅はすべての人に多かれ少かれ漂泊の感情を抱かせるのである。解放も漂泊であり、脱出も漂泊である。そこに旅の感傷がある。（新潮文庫、一五二頁）

脱出とは日常からの脱出です。人生からの脱出ということもありますが、「懐疑」や「習慣」でも言っていた、日常の習慣的な安定した関係からの脱却ですから、過程（プロセス）であるがゆえに漂泊であるわけです。出発点があるわけでも到達点であるわけでもない。これはまさに人生そのものです。

そして漂泊の感情には安定した関係を脱する不安**があり、遠さの感情があると言っています。三木は、遠さの感情について、旅と通勤を対置しています。距離が短くても旅であれば遠さを感じ、距離が長くても通勤であれば遠さは感じない。

そして旅は、どのような旅も、遠さを感じさせるものである。この遠さは何キロと計られるような距離に関係していない。毎日遠方から汽車で事務所へ通勤している者

*三木の執筆した世界文芸大辞典の「憂鬱」の項に「根差しなきものとして到る処を故郷になし得るという漂泊の感情」とある（全集第十二巻、三八九頁）。

**三木は、世界文芸大辞典に「不安」の解説を書いている。章末注1参照。

であっても、彼はこの種の遠さを感じないであろう。ところがたとえそれよりも短い距離であっても、一日彼が旅に出るとなると、彼はその遠さを味うのである。旅の心は遥《はる》かであり、この遥けさが旅を旅にするのである。（新潮文庫、一五二〜一五三頁）

また、旅と通勤では、出発点と到達点の重要さで大きな違いがあります。通勤は到達点が大事なので、自宅と職場の間の移動は効率をできるだけ求めます。私も仕事で京都から東京へ新幹線で行くのに、わざわざこだまには乗らず、のぞみに乗ります。もしその間に何か事故があって、電車が動かなくなったりしたらその通勤は不完全なものになる。一方、旅はどれだけ効率よく到達点に行き着けるかということだけが大事なのではありません。

旅の真の面白さ

ただ目的地に着くことをのみ問題にして、途中を味うことができない者は、旅の真の面白さを知らぬものといわれるのである。（新潮文庫、一五三〜一五四頁）

私は近頃は講演で遠方に出かけることも多くなりましたが、いわゆる旅行はあまりしません。講演は仕事であって、どんなに遠くに出かけても本質的には通勤と同じです。講演に行った流れで旅行をしたいとも思うのですが、一〜二時間講演したあとフリーだと思っても楽しくありません。たまたま仕事とは関係なく旅に出る決心をして出かけるのとは全然違うことに気づきます。

　そのような旅行といえば、家族と沖縄へ行った時のことを思い出します。西表島では、由布島《ゆぶじま》という小さな島に渡るのに水牛が引く車に乗りました。これが面白かったのです。八台位あって二番目の車に乗ったのですが、私たちの乗った車の水牛は新米で、途中で動かなくなってしまうのです。あらかじめ、そういうこともあると説明されていましたから、他の牛車に追い抜かれ、途中で何度も立ち止まりながら、対岸まで行き着くのにとても時間がかかりましたが、乗客は誰も怒らない。

　これが通勤電車だったらそうはいきません。車掌さんが「ただ今何分程度遅れております。お急ぎのところ申し訳ありません」とお詫びのアナウンスをする。けれども、水牛車は水牛の気分次第ですから、たとえ乗った牛車の水牛が動かなくなって目的の海岸まで行き着かないことがあっても、乗客は誰も怒らない。その過程を楽しんでいる旅だったら、到着したかどうかということは大きな問題にはならないのです。

> 旅においてはあらゆるものが既知であるということはあり得ないであろう。なぜなら、そこでは単に到着点或いは結果が問題であるのでなく、むしろ過程が主要なので

あるから。途中に注意している者は必ず何か新しいこと、思ひ設けぬことに出会うものである。旅は習慣的になった生活形式から脱け出ることであり、かようにして我々は多かれ少かれ新しくなった眼をもって物を見ることができるようになっており、そのためにまた我々は物において多かれ少かれ新しいものを発見することができるようになっている。平生見慣れたものも旅においては目新しく感じられるのがつねである。（新潮文庫、一五四～一五五頁）

ある日、通勤列車に乗ったら夕日が見えました。すごくきれいで、こんなきれいな景色が見られるのだと思ったのですが、他の通勤しているだろう乗客を見てもだれも夕日を見ずに、寝ているかスマホをいじっている。そういう日常性から脱却することのきっかけに旅がなることはあるかもしれない。旅で変わるわけではないけれども、変わるきっかけにはなるし、行き先が遠いか近いかは関係ないでしょう。

つまり、その過程で何か新しいものを見いだすということですから、旅とは懐疑のようなものだということです。

人生は未知のものへの漂泊である

三木は「平生の実践的生活から抜け出して純粋に観想的になり得る」のが旅の特色な

ので、旅が人生に対してもつ意義はここから考えることができると言っています。旅は自分を見つめ直すものになるのでしょう。

人生は旅、とはよくいわれることである。芭蕉の奥の細道の有名な句*を引くまでもなく、これは誰にも一再《いっさい》ならず迫ってくる実感であろう。人生について我々が抱く感情は、我々が旅において持つ感情と相通ずるものがある。それは何故であろうか。（新潮文庫、一五五頁）

ここまで、旅についての考察を述べてきた三木は、そもそも人生と旅が比較できるのはどうしてだろうか、と問います。

何処《どこ》から何処へ、ということは、人生の根本問題である。我々は何処から来たのであるか、そして何処へ行くのであるか。**これがつねに人生の根本的な謎である。そうである限り、人生が旅の如く感じられることは我々の人生感情として変ることがないであろう。いったい人生において、我々は何処へ行くのであるか。我々はそれを知らない。人生は未知のものへの漂泊である。（新潮文庫、一五六頁）

*月日は百代《はくたい》の過客《かかく》にして、行《ゆき》かふ年も又旅人也《なり》。舟の上に生涯をうかべ、馬の口とらえて老《おい》をむかふる物は、日々旅にして旅を栖《すみか》とす。（松尾芭蕉『奥の細道』序文より）

**パスカル『パンセ』を念頭に置いている。「私はやがて死ななければならない。これが、私の知識のすべてである。しかし私が避けることので未知のものへ向かうというと、私は死のことを考えます。このあと三木も、「我々の行き着く処は死であるといわれるであろう」と続けています。死というものがどのようなものか解っていたら、漂泊の感情も遠さも感じないと思います。むしろ、行くところがどういうところか解っていないときの何とも言えない感情が漂泊の感情なのだと思います。

しかしそうだとしても、旅は過程なのだから、到着点はどこかということは、本当はあまり関係がない。人生を直線的に捉えると、誕生と死を考えて、いま自分がどのあたりにいるかとイメージします。

若い人に「いまは人生のどのあたりにいますか」と聞いたら、折り返し点よりはまだまだ手前だと答えるでしょう。でも、それは平均寿命を到達点と仮定した場合のことで、ほんとうの到達点はわかりません。もしかすると折り返し点をとうに過ぎているかもしれない。

旅行に行こうとすると、旅先のことを計画しないと気が済まない人もいます。人生の計画を立てないといけない人、できるだけ効率的に生きようとする人はいます。それはいいことのようですが、計画したからといって実現するとは限りません。そして、いつ何時死が訪れるかわかりません。しかし未知だから怖いわけでありません。知らないから面白いということはあります。すべてが計画通りになり最後の到着点である死

きないこの死、これこそ私の無知の最たるものだ。／私は自分がどこから来たのか知らない。また同様に、どこに行くのかも知らない。」（塩川徹也訳、岩波文庫中巻、七五頁。プランシュヴィック版一九四番）

すらどういうものかわかっているのだとしたら、そこに驚きや喜びをより多く感じることになるでしょうか。三木は、人生は未知のものへの漂泊であり、だからこそ「人間は夢みることをやめないであろう」と言っています。

大手証券会社に入社したのに一カ月後に会社を辞めた若者と話をしたことがあります。彼はこれまで、中高一貫校から苦労なく一流大学に入り、先輩の引きがあって会社に入りました。彼が辞めた一つの理由は、先輩や上司の顔を見ていたら少しも幸せそうではなかったということでした。この会社に勤めたらあんな風にしかならないなら辞めようと思ったそうです。もし勤め続けたら三〇歳でマイホームが建つかもしれないが四〇歳で墓が建つ、そういう将来が見えたのでしょう。

将来が見えてしまうより、自分の将来に見えないものがあるというのは、ある意味面白いことだとも言えます。

三木が、『人生論ノート』を書いた一九三八年から四一年には、中国との戦争が長期化し、真珠湾攻撃に到る直前までの戦時下体制が進んでいく日本社会のなかで、徴兵されいつ何時死ぬかもしれないということは、実感としてあったはずです。

現代なら、たとえば病気になってもう自分は助からない、死ぬのを待つだけだと思っているときの方が、ある意味で幸福だという人もいます。でもその筋書き通りにならずに生きのびた（寛解した）ときに、その先をどう生きていけばいいかわからなくなってしまう。先が読めないことを、不安や恐怖として捉えずに、わからないし見えないからこそ、愉しいとまではいわないまでも、生きてみようかと思えるような気持ちになれれば、生き方は変わってくるだろうと思います。

人生は、旅のようなもので到達点に達することが大事なのではない、その過程が大事だとすれば、まだ目標地点からずっと遠いところで旅が終わってしまったとき、道半ばで志を遂げられなかったことになりますが、旅であれば過程ですから、その旅がどこかで突如として打ち切られることになっても、すでにある過程を経ていることになります。

人生そのものが旅なのである

ところで、「感傷について」では、「旅は人を感傷的にする」として、「旅において人が感傷的になり易いのは、むしろ彼がその日常の活動から脱け出すためであり、無為になるためである。感傷は私のウィーク・エンドである」と、旅を全面的にプラスで捉えているわけではありませんでした。

これに対して、「旅について」では、旅によって日常の活動から抜け出し、普段見逃しているもの気に留めていないものに出会うところに、旅の意義を見いだしています。しかし、「また旅は人間を感傷的にするものである。しかしながらただ感傷に浸っていては、何一つ深く認識しないで、何一つ独自の感情を持たないでしまわねばならぬであろう」とも言っています。

漂泊の感情は旅と人生に共通のものだけれども、それにふりまわされてはいけない。漂泊の感情がそそのかす気まぐれや好奇心に逆らって、「一つの所に停まり、一つの物の中に深く入ってゆくこと」が旅＝人生においても必要だと三木は言います。旅は単なる移動ではないのです。人生が単なる時間の経過ではないように。「家居旅心」には平凡な暮らしであっても「この日々の生活を旅の心で生きる」心境になったと書いています＊。

精神の自由とは、単に常識にとらわれないことばかりを言うのではありません。三木は「気紛れは真の自由ではない」とも言っています。

> 好奇心は気紛れであり、一つの所に停まって見ようとはしないで、次から次へ絶えず移ってゆく＊＊。一つの所に停まり、一つの物の中に深く入ってゆくことなしに、如何にして真に物を知ることができるであろうか。好奇心の根底にあるものも定めなき漂泊の感情である。（新潮文庫、一五七頁）

習慣的になった生活様式を抜け出るということは、精神のオートマティズムからの

＊章末注2参照。

＊＊「嫉妬について」にも気紛れな好奇心についての記述がある。「嫉妬は出歩いて、家を守らない。それは自分に留まらないで絶えず外へ出てゆく

脱却に繋がってきます。ただ、両面がかならずある。ですから感傷に浸るだけではだめですし、旅をすれば誰もが解放され自由になるわけではない。真に旅を味い得る人が真に自由な人なのだといいます。

真に旅を味い得る人は真に自由な人である。旅することによって、賢い者はますます賢くなり、愚かな者はますます愚かになる。***日常交際している者が如何なる人間であるかは、一緒に旅してみるとよく分るものである。人はその人それぞれの旅をする。（新潮文庫、一五八頁）

旅をしても愚か者はますます愚かになるとは面白いですね。人生が旅のようなものだとすれば、どれほど経験を積んでも愚か者はますます愚かになるわけです。もちろんこの場合、愚かというのは知識の多い少ないではなく、自由でないことを言います。

旅において真に自由な人は人生において真に自由な人である。人生そのものが実に旅なのである。（新潮文庫、一五八頁）

旅という身近なテーマを通じて、「希望を失うことができなかった」三木らしい人生

好奇心のひとつの大きな原因になっている。嫉妬のまじらない無邪気な好奇心というものは如何に稀であるか。」（新潮文庫、八〇頁）

***三木の「人民の声」と題するコラム（一九三六年六月九日付）に、社会学者テンニースの同じ言葉を引用している。章末注3参照。

テンニース（テンニエスとも）（一八五五―一九三六）はドイツの社会学者。主著『ゲマインシャフトとゲゼルシャフト』は「名誉心について」でも参照されている。

の見方がここにも現れているのではないでしょうか。

〈注〉

（1）世界文芸大辞典の「不安」より。

「㈠哲学上の不安　この思想を述べた人として先ず挙ぐべきはパスカルである。彼によれば、不安は無限と虚無との中間者としての人間の状態である。またキェルケゴールによれば、不安は動物にはなく、人間に固有なものであり、人間が精神的存在であることを示している。不安 **Angst** は恐怖 **Furcht** とは区別され、恐怖が或る限定されたものに関係するに反して、不安は虚無から生ずる。かような思想を承けて最も哲学的に展開したハイデッガーも、不安を虚無と結び附け、虚無は存在するものの否定、その全体の否定によっても達せられるものでなく、却って不安に於いて初めて顯わになるものが虚無なのである、と述べている。かくて不安は何等かの対象或いは対象の欠乏に関係するのでなく、人間の根源的に主体的な状態を現わすものである。」（全集第十二巻、三六七頁）

（2）「家居旅心」より。

「私の家居旅心という生活感情は、去年妻を亡くしてから急に増してきたようである。生活は極めて平凡で、少しも浪漫的なところはないが、この日々の生活を旅の心で生きるといった気持が強くなってきた。夫を失った女はひどく現実的になると聞いているが、妻を亡くした男は反対に浪漫的になる。尤も、これも私個人の場合だけのことであるかも知れない。最近構想力或いは想像の論理というような問題に興味を持ち、その論文を書きはじめるよう

になったのも、私の今の生活感情と何か無意識的な関係があるようである。空想は旅心である。」（全集第十七巻、二四〇頁）

（3）「人民の声」より。

「旅行をすれば人は多少は利口になるものだと云われている。併しこれは誰についても云われ得ることではない。馬鹿は旅行することによって一層馬鹿になるだけだ。社会学者テンニースは書いている、「旅行すれば、利口な者は益々利口になり、馬鹿は愈《いよいよ》々馬鹿になる」。我々はこの言葉を特に官吏の旅行について思い起こす。（中略）

後藤前内相は「行脚政治」を唱えた。併し官吏の行脚によって民間の実情に即した政治が果たして行われるようになるかどうか、疑問である。旅行すれば、馬鹿は愈々馬鹿になるばかりでなく、利口な者も馬鹿に化する危険がある。官尊民卑《かんそんみんぴ》の風のある国において、地方へ出掛けて閣下とか先生とか云われて歓迎されていると、少々利口な人間も馬鹿になってしまう。始終地方へ行く講習会学者に見られるように、行脚官吏も低調になり易いであろう。」（『時代と道徳』一九三六年六月九日付、全集第十六巻、一三二～一三三頁）

▼コラム2▲

『人生論ノート』の初版刊行

一九四一年八月、三木清は『文学界』誌に断続的に掲載してきた「人生論ノート」の第一回「死と伝統」から第十八回「仮説について」までをまとめ、創元社から創元選書の一冊として『人生論ノート』を刊行した。

「偽善について」が掲載された『文学界』八月号には、創元選書版『人生論ノート』の広告が出ている。「世界的混迷の時代にあつて、動もすれば激情に進路を曇らし勝ちな思想界に於て現代の良識ともいふべき三木清氏は常に指導的な健全な思想のありやうを示してきた。

本書は氏が「文學界」誌上に発表した人生論ノートを集成したものである。例へば、死・幸福・習慣・人間の條件・健康・秩序・感傷などの如く、われわれの現實生活と密接に結びついた諸概念についての深遠な洞察を箴言風に簡明に述べられたものである。」

創元選書版の刊行にあたって、雑誌掲載時とはタイトルが変更された章がある。「死と伝統」は「死について」、「個性と幸福」は「幸福について」、「懐疑と決断」は「懐疑について」、「人間の条件」は「人間の条件について」とあらためられた。

また、連載稿のほかに新たに「旅について」と旧稿「個性について」が付け加えられた。「個性について」は京大時代に書いた「個性の理解」を改題したもので、三木自身によって附録と位置付けられている。「旅について」はいつ書かれたものだかわからないが、内容上、他の章と関連するので、創元選書版刊行に際して暫定的なまとめの性格をもたされたものと思われる。

仮に「旅について」が暫定的なまとめであったとしても、三木の「人生論ノート」は終わったわけではなかった。創元選書版の「後記」(一九四一年六月)には次のように書かれている。

「もちろんこれで終るべき性質のものでなく、ただ出版者の希望に従って今までの分を一冊に纏《まと》めたというに過ぎない。」

実際に、単行本刊行と同じ八月に、『文学界』誌に「偽善について」を寄稿して「人生論ノート」の連載を再開している。だから、三木としては、今後も書き続けていく予定だった。

しかし現実には、九月に「娯楽について」、十一月に「希望について」を発表した後、一九四二年一月に『中央公論』誌に発表した時事論文「戦時認識の基調」が軍部ににらまれて、三木は主要雑誌への寄稿ができなくなる。『文学界』誌に寄稿していた「人生論ノート」も「希望について」で連載は中断され、一九四二年一月と二月に、一見するとまったく時事性のない「デカルト覚書」(一)と(二)が同誌に発表されたが、これも未完のまま中断されている。その後、編集同人でもあった三木の文章が『文学界』誌上にのることはついになかった。

現在、新潮文庫版『人生論ノート』では「偽善について」は十九番目の章だが、もし三木が筆禍にあわなければ、あるいは戦後も生き続けて執筆活動を再開していれば、「偽善について」は『続人生論ノート』の第一章となったかもしれない。

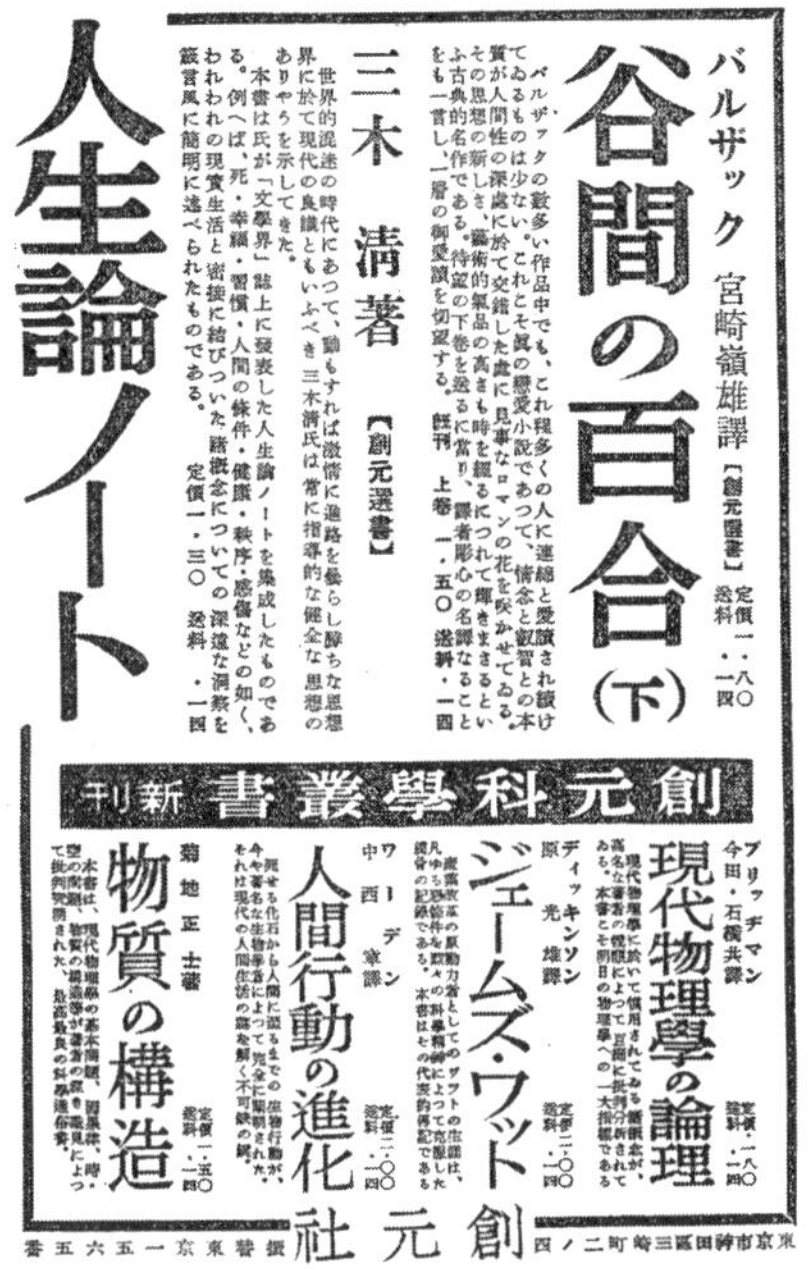

『人生論ノート』の創元社広告
（『文學界』1941年8月号）

10　偽善と虚栄――「偽善について」を読む

人間は生まれつき嘘つきである

三木は、「偽善について」の冒頭で、ラ・ブリュイエールの「人間は生れつき嘘吐きである」*という言葉を引いて、虚栄が人間の一般的性質であると指摘します。

「人間は生れつき嘘《うそ》吐《つ》きである」、とラ・ブリュイエールはいった。「真理は単純であり、そして人間はけばけばしいこと、飾り立てることを好む。真理は人間に属しない、それはいわば出来上って、そのあらゆる完全性において、天から来る。そして人間は自分自身の作品、作り事とお伽噺《とぎばなし》のほか愛しない。」人間が生れつき嘘吐きであるというのは、虚栄が彼の存在の一般的性質であるためである。そこで彼はけばけばしいこと、飾り立てることを好む。（新潮文庫、一三三頁）

*ラ・ブリュイエール（一六四五―一六九六）は一七世紀フランスのモラリスト。三木の引用は著作『カラクテール』から（『カラクテール　下』岩波文庫、一三六頁）。

虚栄とは、ふつうは見栄のことを言いますが、ここで三木は英語の vanity の意味[*]もあわせて独特の含みをもたせています。前著で述べたことと重なりますが、虚栄についての三木のとらえ方をおさらいしておきましょう。

三木はおそらく意図的に、虚栄というマイナスのイメージをもつ言葉にプラスの意味も込めて使っているのでいささかわかりにくい。そこで、アドラー心理学の考え方を経由させるとわかりやすくなります。

アドラーは「虚栄心」という言葉を優越性の追求に関して使います。優越性の追求とは劣等感と対になるもので、「まったく無力な状態から脱したいと願うという意味で優れていようとすること」です。向上心と言い換えてもよいものです。知識を身につけようとして勉強することや、体を鍛えようとしてスポーツに励むことは健全な優越性の追求です。これを普遍的な優越性の追求とします。

ただ、この優越性が、他者との競争に勝つためのものになると、個人的な優越性の追求になってしまう。「等身大以上の大きな目標を設定し、他の人以上であろうとする」ような優越性の過度の追求は、個人的な優越性の追求であり「優越コンプレックス」と呼ばれます。いわゆる虚栄心は多くの場合こちらの方をさします。他人よりもよく見られたい、他人よりも上位に立ちたい、そういう気持ちについて、アドラーは

*「虚栄について」より。「ヴァニティはいわばその実体に従って考えると虚無である。ひとびとが虚栄といっているものはいわばその現象に過ぎない。」(新潮文庫、四五頁)

虚栄心という言葉を使います。[**]

三木の言う「虚栄」には、アドラー的にいえば、個人的な優越性の追求と普遍的な優越性の追求の両方の意味が含まれています。虚栄という言葉で、優越性の追求の両面を見ていこうというのが、三木の戦略です。

ですから、虚栄が人間の一般的性質であるというのは、人間は努力もするし見栄もはるという、言われてみれば誰にでもあてはまることを指摘しているのです。問題は、なぜ人間は努力もするし見栄もはるのか？　それは人間にとってどのような意味をもつのか？　ということです。

虚栄はその実態に従っていうと虚無である

なぜ人間は努力もするし見栄もはるのか？　三木によれば人間の条件は虚無だからです。[***]

虚栄はその実体に従っていうと虚無である。だから人間は作り事やお伽噺を作るのであり、そのような自分自身の作品を愛するのである。真理は人間の仕事ではない。それは出来上って、そのあらゆる完全性において、人間とは関係なく、そこにあるものである。（新潮文庫、一三三頁）

＊＊岸見一郎『生きづらさからの脱却』（筑摩書房）第四章参照。

＊＊＊「人間の条件について」（新潮文庫、六五頁）も参照。

この虚無という言葉は英語ではvanityで、虚栄とも訳します。完全なゼロというイメージよりも、根拠のなさ、不確かさと受け取っておいた方がわかりやすい。感情としては、不安です。人間は拠りどころのない不確かな存在であるため、そこから来る不安を克服するために、自らの拠りどころとなるものを自ら作りださなければならない。だから「人間は作り事やお伽噺を作るのであり、そのような自分自身の作品を愛する」のだということです。それが行過ぎると見栄になります。

この「偽善について」では嘘、お伽噺とされているものは、「虚栄について」ではフィクション*、「仮説について」では仮説、「習慣について」で示唆された道徳や制度もこれに含まれます。

虚栄は人間の条件ですから努力もするし見栄もはるのはあたりまえですが、ただし、優越性の追求があらぬ方向に逸脱することもある。虚栄から思いもよらぬ行動に出ることもあります。例えば、「死について」には、もし誰も死なないとすれば「俺だけは死んでみせるぞといって死を企てる者がきっと出てくるに違いないと思う」とユーモラスに書いています。このように「人間の虚栄心は死をも対象とすることができるまでに大きい」。

実際にそんな人がいたら、アホらしいことだとみな笑うでしょう。けれども、「世の

*「虚栄について」より。「虚栄によって生きる人間の生活は実体のないものである。言い換えると、人間の生活はフィクショナルなものである。それは芸術的意味においてもそうである。というのは、つまり人生はフィクション(小説)である。だからどのような人でも一つだ

中にはこれに劣らぬ虚栄の出来事が多いことにひとは容易に気付かない」と三木は言います。その「虚栄の出来事」が、この章であつかう「偽善」です。

ただし、「虚栄が人生に若干の効用をもっているように、偽善も人生に若干の効用をもっている」のであって、三木はそれを一方的に否定しているわけではありません。

偽悪は虚栄である

次に三木は、偽善に対する反感から偽悪家を自称する人こそ、虚栄の虜になっているのだと言っています。

> その偽悪というものこそ明かに人間のおぼつかない虚栄ではないか。そのものは偽善が虚栄にほかならぬことを他面から明瞭にするのである。かような偽悪家の特徴は感傷的であるということである。嘗《かつ》て私は偽悪家と称する者で感傷家でないような人間を見たことがない。偽善に反感を感じる彼のモラルもセンチメンタリズムでしかない。偽悪家はとかく自分で想像しているように深い人間ではない。その彼の想像がまた一つのセンチメンタリズムに属している。もし彼が無害な人間であるとしたなら、それは一般に感傷的な人間は深くはないが無害であるということに依るのである。（新潮文庫、一三四頁）

けは小説を書くことができる。」新潮文庫、四三頁。

「偽悪家」というのは、私が使う言葉では「特別に悪くなろうとする人」です。悪くあることで優越性を追求している。偽善かどうかはわからないけれども、人は善くなろうとする、そこで人に認められないと思った人が一転して偽悪家になる。特別な存在として見られようとするからです。よくは見られなくても、無視されるくらいなら悪く見られてもいいと思っているからそうするのです。三木は「偽悪」は虚栄でありセンチメンタリズムであると言っています*。

我々の誰が偽善的でないであろうか。虚栄は人間の存在の一般的性質である。偽善者が恐しいのは、彼が偽善的であるためであるというよりも、彼が意識的な人間であるためである。しかし彼が意識しているのは自己でなく、虚無でもなく、ただ他の人間、社会というものである。(新潮文庫、一三五頁)

偽善者が恐ろしいのは、その人のやっていることが偽善だからではないということは、「虚栄について」で「一生仮装し通した者において、その人の本性と仮性とを区別することは不可能に近い」と書いていたことを連想させます。偽善であっても、もしそれを一貫して行ないつづけたら、その行為自体は善であったとしか世間では思われ

*「感傷について」には、「特に感傷的といわれる人間は、あらゆる情念にその固有の活動を与えないで、表面の入口で拡散させてしまう人間のことである。だから感傷的な人間は決して深いとはいわれないが無害な人間である」(新潮文庫、一二二頁)とある。

ないでしょう。ですから、偽善自体は恐ろしいものではない。

他人の評価、社会の評判だけを意識して行動を選択しているところに偽善者の恐ろしさがあります。アイヒマン**のケースはあまりにも有名ですが、所属している企業や官庁といった組織や地域社会から求められた役割を果たすこと、それらからの評価だけが行動の選択の基準であるような人は、自分で判断せずに、善悪の判断を他人にあずけてしまっているわけですから、これほど無責任なことはないのです。だからこそ怖い。おそらく三木は日本の戦争政策がそのような人たちによって進められているのを知っていたのでしょう。

偽善のなかにある媚びへつらいが人を破滅させる

三木は、表現することの恐ろしさを語っています。

虚言の存在することが可能であるのは、あらゆる表現が真理として受取られる性質をそれ自身においてもっているためである。ものは表現されると我々に無関係になる。表現というものはそのように恐しいものである。恋をする人間は言葉というものの、表現というものが如何に恐しいものであるかを考えておののいている。今日どれだけの著作家が表現の恐しさをほんとに理解しているか。（新潮文庫、一三六頁）

**アドルフ・アイヒマン（一九〇六―一九六二）はナチス・ドイツ親衛隊中佐、ヨーロッパのユダヤ人取締りの責任者。戦後南米で捉えられ、イスラエルのエルサレムで裁判にかけられ、「人道に対する罪」「ユダヤ人に対する罪」などで死刑判決。六二年に処刑された。審理でユダヤ人虐殺の責任を問われ、自分は収容所への輸送の責任者に過ぎず、自らの職務を忠実に果たしただけだと弁解した。

H・アーレントは『イェルサレムのアイヒマン』で彼の「悪の凡庸さ」を指摘した。

こんにちでは自分で書いた文章をネットに公開する時代ですから活字に対する信奉も薄れているでしょうが、一昔前は活字で書いてあれば、書いてあることは事実だと思われることが多かった。噂話のレベルであっても活字になれば真実だと思われました。報道もほとんど嘘ばかりなのに、書かれてしまったらほんとうのことだと思われて、ずいぶん迷惑を被った人も多いでしょう。それを逆手に取る人もいます。表現したことが真実と受け取られる性質をもつことを悪用する人がいる。今も言ったもの勝ちという風潮があるように思います。

絶えず他の人を相手に意識している偽善者が阿諛《あゆ》的でないことは稀である。偽善者が他の人を破滅させるのは、偽善そのものによってよりも、そのうちに含まれる阿諛によってである。（新潮文庫、一三六頁）

偽善者が他人を破滅させるのは、阿諛によって、つまり人におもねり、こびへつらうからだと言っています。自分のまわりを自分におもねる人、追従する人で固めてしまう人がいます。* 異論を唱えたり、反対する人はみな排除してしまって、自分に都合のよいことを言う人ばかりを集める裸の王様のような人です。こういう人は多いし、ま

*「政治と説教」と題したコラムで三木は当時の林銑十郎内閣の姿勢を皮肉っている。章末注1参照。

た、おもねる人ももっと多い。けれども、心にもないことを言っておもねる人たちは、何かあれば自分のもとから離れていくかもしれない。何かにつまずけば、おもねっていた人たちは、手のひらを返したようにほかの人たちのところへ行くものです。

自分が打ち出せたわけではない業績をあたかも自分に関係があるかのように吹聴し、それで自分の価値が高まったかのように見せたがる人もいます。結局、実態のない優越性の追求です。

世の中が虚栄的だということを見抜いて生きる

こういった偽善が積み重なった社会は、三木が最後の断章でいうように、頽廃しているということです。

現代の道徳的頽廃に特徴的なことは、偽善がその頽廃の普遍的な形式であるということである。これは頽廃の新しい形式である。頽廃というのは普通に形がくずれて行くことであるが、この場合表面の形はまことによく整っている。そしてその形は決して旧いものではなく全く新しいものでさえある。しかもその形の奥には何等《なんら》の生命もない、形があっても心はその形に支えられているのでなく、虚無である。これが現代の虚無主義の性格である。（新潮文庫、一三七～一三八頁）

三木が、頽廃の新しい形式である「現代の道徳的頽廃*」は、形はあるがそのなかは虚無であると言っているのは、こんにちの私たちの社会状況にもよく当てはまるのではないでしょうか。

私たちは、偽善がその頽廃の普遍的な形式であるような時代を生きねばならないとしたら、どうしたらよいのか。三木の提案はシンプルなものです。

「善く隠れる者は善く生きる**」という言葉には、生活における深い智慧が含まれている。隠れるというのは偽善でも偽悪でもない、却って自然のままに生きることである。自然のままに生きることが隠れるということであるほど、世の中は虚栄的であるということをしっかりと見抜いて生きることである。（新潮文庫、一三七頁）

三木の提案はシンプルですが難しい。ただ自然のままに生きればそれでよいというものではない。ありのままに生きようとすると世間から隠れざるを得ないほど「世の中は虚栄的であるということをしっかりと見抜いて」生きろと言うのです。三木自身は隠れて生きたわけではありませんでした。そのことの意味を考えさせられる文章です。

*道徳的頽廃について、「正義感について」には「戦時における道徳の頽廃は何よりも正義感の衰退から生じる。戦時の要請はすべての人にともかく外面だけでも整えるようにさせるであろう。／従って戦時における道徳的頽廃は外部にはなかなか現われないで、内部に生じるものである故に、それだけ一層危険なのである」とある（全集第十五巻、四五三頁）。章末注2も参照。

**もとは詩人オウィディウスの言葉（『悲しみの歌』3. 4.25）。デカルトも引いている。三木はこの時期、デカルト『省察』の翻訳に取り組んでいる。

〈注〉

（1）「政治と説教」より。

「林祭政一致内閣は組閣の当初から説教が好きであった。議会解散の理由とされるものも説教であったが、選挙に対して掲げられた政府の標語もすべて説教である。説教することが悪いというのではない。素朴な道徳的感情に訴えることによって政治的意見の対立を蔽い隠そうとするようなことがあってはならないのである。「滅私奉公の士」であるからとて意見が同じであるわけではなかろう。むしろ私心ある者こそ容易に妥協し、追随し、阿諛《あゆ》するのが普通である。（中略）

　歴史の実証するように、賢者というものは時の政府や権力者に尾を振ってついてゆくものではない。だから賢者はたいてい野にあるものと決っているのである。野に遺賢《いけん》なからしめようと欲する者は、反対者の声に聴いて政治を行う覚悟がなければならない。反対者の立場を強圧している限り、賢者はますます野に隠れることになってしまうのである。

　反対者の眼はつねに鋭い。反対者の批判を怖れず、反対者から学ぶことを知っている者が真の賢者であろう。ところが説教というものは反対者の立場の含む「認識」を抹殺するために用いられることが多いのである。反対者を沈黙させるために説教するのでなく、私を滅して反対者の立場を認めることこそ、今日の政治に必要な道徳である。説教を認識に取換えることが政治の進歩である。」（全集第十六巻、二二六～二二八頁）

（2）「正義感について」より。

「道徳の頽廃はいつの時にも恐しいのであるが、とりわけ戦時においては恐しい。道徳的頽廃は内部から来るものであって、単に外的な力、取締、強制、弾圧等ではどうにもできないものである故に、それだけ一層恐しいのである。
その頽廃のうちでも特に恐しいのは自覚されない頽廃である。即ち道徳感が衰弱し或いは喪失して、現に明白な頽廃の事実が存在するにも拘らず、それを覚らないでいたり、或いはその重大性に気付かないでいるというのは、最も恐しいことである。（中略）
世の中にどんな不正が行われていようとも、自分だけ清くしておれば宜いといった態度がある。良心的と称する者の多くがこのような態度をとっているのが、今日の状態ではなかろうか。彼等は世間の不正や不義に対して努めて耳を塞ぎ、目を蔽い、自分自身に閉じ籠ろうとする。勢い彼等は逃避的或いは韜晦《とうかい》的になり、自己満足に止まるのである。（中略）
世の中に多くの不正が存在するにも拘らず、良心的と称する者が沈黙し逃避するのは、その良心がなお打算的で、保身術をのみ考えているためではなかろうか。そしてそのために世の中に不義がいよいよはびこることに対して正義感は憤るのである。」（全集第十五巻、四四七〜四四八頁）

11　生活を楽しむ――「娯楽について」を読む

生活を楽しむことを知る

生活を楽しむことを知らねばならぬ。「生活術」というのはそれ以外のものでない。それは技術であり、徳である。どこまでも物の中にいてしかも物に対して自律的であるということがあらゆる技術の本質である。生活の技術も同様である。どこまでも生活の中にいてしかも生活を超えることによって生活を楽しむということは可能になる。（新潮文庫、一三九頁）

生活を楽しむというメッセージは、戦後の高度経済成長以降のイメージがありますが、これが書かれたのは、対米開戦直前の一九四一年九月です。当時は物資不足で統制経済下ですから、苦しい中でどれだけ生活を楽しむかということが背景にあって書かれているわけです。

庶民の生活に余裕がないなか、一九四〇年十一月には、国が「紀元二六〇〇年」の祭典を催しました。「祝え元気に朗らかに」の立て看板が立てられ、全国各地で旗行列や提灯行列などが賑やかに催されたのですが、奉祝行事が終了すると直ちに、「祝い終わった。さあ働こう！」という立て看板になったそうです。

個人の幸福は全体の幸福のあとに置かないといけない、「欲しがりません勝つまでは*」という標語が出てくるような時代です。その中で、「娯楽が生活になり生活が娯楽にならなければならない」というのは三木らしい言い方ではないでしょうか。

ほぼ同時期に『婦人公論』（一九四一年一月号）に「生活文化と生活技術」（全集第十四巻、三九三〜三九六頁）と題する記事を書いていますが、そのなかで生活と娯楽についてほぼ同じようなことを言っています。娯楽は金持ちだけの特権ではなく、それぞれに応じて娯楽を楽しむべきである。娯楽は生活の外にあるのではなく、生活の内にあって生活の形を作るものである。娯楽は「全人**」になるために必要な教養なのである。そして、娯楽は専門的でない一般的教養として娯楽の形式で生活の中に入っていき、生活を明朗活発にすると言います。

生活を楽しむことが幸福だという三木の考え方「生活を楽しむということ、従って幸福というものがその際根本の観念でなければならぬ」というのは、全体の幸福と個人の幸福を対立させて、個人の幸福を全体の幸福に優先させてはいけないという考え方

＊一九四二年に大政翼賛会などが公募した「国民決意の標語」の入選作の一つ。

＊＊全人とはヒューマニズムの立場から理想化された人間像。三木「人間主義」では次のように言われる。「完全な個性は「全人」でなければならぬ。人間のあらゆる心的能力は発達させ

とは正反対の考え方です。楽しむのは自分の生活です。それが個人の幸福なのに、それよりも優先されるべき何かがあるというのが、この時代ではなかったのでしょうか。

純粋な娯楽が神の地位を占めるようになった

生活と娯楽が区別されることによって、娯楽がどんどん生活から離れていったと、三木は嘆いています。

> 娯楽を専門とする者が生じ、純粋な娯楽そのものが作られるに従って、一般の人々にとって娯楽は自分がそれを作るのに参加するものでなく、ただ外から見て享楽するものとなった。彼等が参加しているというのはただ、彼等が他の観衆とか聴衆の中に加わっているという意味である。祭が娯楽の唯一の形式であった時代に比較して考えると、大衆が、もしくは純粋な娯楽そのものが、もしくは享楽が、神の地位を占めるようになったのである。（新潮文庫、一四二頁）

それによって、人々は享楽的に娯楽を楽しむだけで、自ら娯楽を創造しない。それを「享楽が、神の地位を占めるようになった」のだと言っています。

これは現代でいえば、お笑い芸人と、彼らの登場するテレビのバラエティ番組を見て

られて調和ある全体的な統一に形成されねばならぬ。ヒューマニズムにおける人格の観念はこの個性と全体性との観念によってなお抽象的な理性を人格の本質と見たカントにおける人格の観念から区別される。」（全集第五巻、二一四頁）

楽しんでいる人々のような感じを受けます。お笑い芸人たちの役割は、さしずめ「娯楽を専門とする者」ですが、彼らはそれを楽しみとしてやっているのではなく仕事としてやっているのです。

一方で、テレビを見ている視聴者は、タレントの芸を楽しんでいますが、自らその楽しみを作っているわけではありません。提供されたものを消費しているだけです。

> 画は画家にとっては娯楽でなく、会社員にとっては娯楽である。音楽は音楽家にとっては娯楽でなく、タイピストにとっては娯楽である。かようにしてあらゆる文化について、娯楽的な対し方というものが出来た。そこに現代の文化の堕落の一つの原因があるといえるであろう。（新潮文庫、一四一頁）

現代の文化の堕落とは厳しい言い方ですが、これはパスカルの言っている「慰戯《いぎ》」を念頭に置いているのでしょう。* 本当に向きあわなければならないことから、目をそらさせるための娯楽です。パスカルは人生のあらゆることが「慰戯」だと考えましたから、そこまで立ち戻って考える必要があると三木は言っています。

娯楽が芸術に、生活が芸術に

＊「パスカルの人間観」より。「人間はまことに果《は》敢《か》無《な》いものであり、人生は不幸に満ちている。かくも不幸な自己について考えることを避ける

娯楽は生活の中にあって生活のスタイルを作るものである。娯楽は単に消費的、享受的なものでなく、生産的、創造的なものでなければならぬ。単に見ることによって楽しむのでなく、作ることによって楽しむことが大切である。（新潮文庫、一四三頁）

先ほどの「生活文化と生活技術」で、日本人が文化的な仕事で大きなものが少ないといわれるのは、生活を楽しむということを知らないためではないか、として、娯楽というものが「新しい内容を生産してゆくもの」「工夫をするもの」で、一種の芸術であると言っています。

私の趣味は、写真を撮ることですが、娯楽ではなくて趣味と言うのは、趣味というものを専門家とほとんど同等のレベルまで達していることと考えているからです。写真という趣味は、自らシャッターを押して撮影しなければ面白くないので、三木の批判する純粋な享楽ではありえません。

仕事が趣味だという人もいます。娯楽を本来的な生き方ではないというイメージで捉えてしまうと、仕事が娯楽ということはありえないことになりますが、他の仕方における生活なのだとしたら、仕事が娯楽になってもおかしくはありません。

三木自身はどうだったかというと、世間一般でいう趣味らしい趣味を持とうとしたようですが、どれも研究の対象にしてしまい、仕事以外はほとんど無趣味になってし

ために人間は様々な慰戯を工夫する。慰戯の現実の理由は人間の状態の悲惨である。パスカルが慰戯というのは単に遊戯や娯楽のみでなく自己の悲惨から眼をそむけるために人間が営むすべての活動を意味している。」（全集第十三巻、四一七～四一八頁）。

まっている*ということですから、三木も仕事が趣味だという人の仲間かもしれません。ただ、生前の三木を知る人の回想を読むと、三木家を訪ねると庭に家庭菜園がつくられていた話がたびたび出てきます。三木自身も「植木、花作り、野菜作りなど、何でも好きで、暇には手を出している」と書いています。** 作物を作ることが楽しみだとは、いかにも人間の本質は物を作ることにあるとした三木らしい趣味です。

体操とスポーツだけは信用することができる

ところで、三木は娯楽といわれているもののうち、これだけは信用できるものとして、体操とスポーツを挙げています。

> 今日娯楽といわれるものの持っている唯一の意義は生理的なものである。「健全な娯楽」という合言葉がそれを示している。だから私は今日娯楽といわれるもののうち体操とスポーツだけは信用することができる。（新潮文庫、一四三頁）

さすが、「三木は丈夫な男だ。牢屋にはいって太って出てきたのはあの男ぐらいのものだ」と西田幾多郎が言っていた***というエピソードの持ち主だった人らしい文章だとも言えます。

*「家居旅心」より。章末注1参照。

**同前、二三九頁より。
また、生田勉「思い出」には「彼は庭いじりが好きであった。この庭でいかにも楽しげに、花壇を掘りかえして汗を流しているのを見かけた」（全集第十九巻月報）とある。

***滝沢克己「三木さんのこと」全集第一六巻月報。

****全集第十六巻、七一～七二頁。

『人生論ノート』でも「一種のスポーツとして成功を追求する者は健全である」（「成功について」）とありましたが、「スポーツと健康」と題したコラムでは「スポーツは明朗だ、秋の空のように。卓越せる者がなんの嫉妬も成心もまじえずに讃美され喝采されること、スポーツの如きは稀であろう」と絶賛しています。****

しかし、三木は単純に身体を鍛えることを奨励しているのではありません。

> 娯楽は衛生である。ただ、それは身体の衛生であるのみでなく、精神の衛生でもなければならぬ。そして身体の衛生が血液の運行を善くすることにある如く、精神の衛生は観念の運行を善くすることにある。*****凝結した観念が今日かくも多いということは、娯楽の意義とその方法がほんとに理解されていない証拠である。（新潮文庫、一四三～一四四頁）

長期化する日中戦争で必要な多額の軍事費を捻出するために、政府は国民の生活様式まで統制しようとしていました。「贅沢は敵だ！」******ですから、服装にも髪型にも食糧にもなにかと厳守励行すべきことが宣伝されました。「凝結した観念」が多いと嘆いていますが、当時の状況からすると今では想像できないほどの息苦しさがあったに違いありません。三木が、続く文章で「真に生活を楽しむには、生活において発明的であ

三木がスポーツを評価するのは、スポーツの競技（アゴーン）的性格を強調することで、カール・シュミットの友・敵理論（シュミット『政治的なものの概念』）に対抗しようという意図もあったものと思われる。章末注2参照。

*****観念の運行については、アラン『幸福論』の「精神の衛生」に類似の表現がある。章末注3参照。

******戦時標語の一つ。一九四〇年八月に、東京市内にこの標語の立て看板が多数立てられ、婦人団体が街頭や盛り場などで服装や装飾品の華美を戒める呼びかけを行なった。

ること、とりわけ新しい生活意欲を発明すること」だと書いていますが、「とりわけ新しい生活意欲」の「発明」と言っているのは、三木がこれを書いた同時代についてではなく、戦後の新しい時代のことを見すえてのことだったのかもしれません。

〈注〉

（1）「家居旅心」より。
「そこで以前に趣味として手を出したものでも、やがて研究の範囲に入つてしまい、そうでないものは追々遠ざかってしまって、今では自分の研究的な仕事以外の日常生活は殆《ほとん》ど無趣味と云ってよい程平凡なものになっている。」（全集第十七巻、二三九〜二四〇頁）

（2）「競技と政治」より。
「ナチスの理論家カール・シュミットは、政治的なものを規定する根本概念は、敵・味方という範疇だと述べている。しかるにオリンピック競技の淵源をなした古代ギリシアにおいては、凡ての生活が競技的な根本性格を有し、ギリシア人とギリシア人との血腥《ちなまぐさ》い衝突にあっても戦いは「アゴーン」（競技、試合）であり、相手は試合の相手であって「敵」ではなかった。」（全集第十六巻、一〇八〜一〇九頁）

（3）アラン『幸福論』「75　精神の衛生」より。
「ある人が賢者の前で、迫害妄想にとりつかれ、おまけにいつも足が冷えているという半狂人の話をしたところ、その賢者は、「血液の循環の欠陥と、それに観念の循環の欠陥だ」と言った。このことばは、よく考えてみる価値がある。」

「(どっしり重くて動かせないような観念をもつこと) これとは反対に、精神を解きほぐすことが必要だ。わたしは衛生規則として、次のことを提唱したい。「同一の考えをけっして二度もつな」と。」

「しかしわたしたちはまさに、頭脳をマッサージする方法を知っているのだ。観念を変えさえすればいいのだ。そしてこれは、訓練すれば、むずかしいことではない。頭脳を清めるためのまちがいない二つの方法がある。一つは、自分の周囲を眺めて、いわば光景のシャワーといったものを自分に浴びせることだ。これは絶対にまちがいなしである。もうひとつは、結果から原因にさかのぼることだ。これは暗いイメージを追い払う確実な手段である。」

(『幸福論』白井健三郎訳、集英社文庫、二三三～二三五頁)

12　人生は希望――「希望について」を読む

危機の正しい把握の中からこそ真の希望は生れてくる。真の希望というものは甘い見方から来る希望的観測の如きものではないのである。（「危機の把握」*より。全集第十四巻、五六六頁）

「希望について」は、執筆時期から言えば『人生論ノート』の最後の章にあたります。この文章が『文学界』誌上に発表されたのは昭和十六（一九四一）年十一月。前月には、かつて三木清が日中戦争終結を期待してブレーンに加わったこともある近衛文麿内閣が総辞職し、対米強硬派の東条英機が首相に就任。戦争の拡大が避けがたい見通しとなるなかで、現実と格闘する哲学者の語る希望とは何だったのでしょうか。

そして、この「希望について」が発表された二か月後の一九四二年一月、『中央公論』誌に寄稿した評論「戦時認識の基調」が軍部ににらまれ、以後、三木の文章が一般読者向けの総合雑誌に載ることはまれになりました。一九三八年から断続的に連載してきた『人生論ノート』も、結果としてこの「希望について」が最後になりました。

*「危機の把握」の初出は、一九四一年十二月の『改造』。

希望は欲望とも目的とも期待とも同じではない

人生において幾度も挫折があったにもかかわらず、なぜ三木清は希望を失うことができなかったのか。よほどの楽天家だったのでしょうか。そうではなく、むしろ、希望というものを厳しくとらえていたからこそのことだったように思われます。

世間一般でいう希望とは、言葉は同じでも真の希望ではないと三木は指摘します。

> 自分の希望はFという女と結婚することである。自分の希望はVという町に住むことである。自分の希望はPという地位を得ることである。等々。ひとはこのように語っている。しかし何故にそれが希望であるのか。それは欲望というものでないのか。目的というものでないのか。或いは期待というものでないのか。希望は欲望とも、目的とも、期待とも同じではないであろう。（新潮文庫、一四六頁）

引用文中に「ひと」とあるのは、前にもふれましたが、世間一般の常識に埋没して判断している不特定多数というような意味で三木は言っています。いわば、精神のオートマティズムにとらわれた人々のことです。

三木は若いころに失恋していますし、母校の教職に就くこともできなかった。けれども、それによって希望が失われたのではなく、欲望や期待がかなわなかっただけなのだ、というのは、はたして負け惜しみというものでしょうか。

希望を持つことはやがて失望することである、だから失望の苦しみを味いたくない者は初めから希望を持たないのが宜《よ》い、といわれる。しかしながら、失われる希望というものは希望でなく、却《かえ》って期待という如《ごと》きものである。個々の内容の希望は失われることが多いであろう。しかも決して失われることのないものが本来の希望なのである。（新潮文庫、一四六〜一四七頁）

失望するくらいなら希望などもたない方がよいとは、いまでもよく言われることです。けれども、失われるような希望は希望ではない、それはむしろ期待というべきものだと三木は言います。期待という言葉は『人生論ノート』でよく出てきますが、この章でのニュアンスは他と違うようです。この章の文脈での期待は、宝くじで一等が当たることを期待するような場合でしょう。個々の内容の希望は失われるけれども、「本来の希望」は決して失われないものだと言っています。

愛は希望と結びつく

愛もまた運命ではないか。運命が必然として自己の力を現わすとき、愛も必然に縛られなければならぬ。かような運命から解放されるためには愛は希望と結び附かなければならない。（新潮文庫、一四七頁）

愛と希望が結び付くとき、人は運命の囚人にならずにすむ。アドラーなら運命の主人になるというところです。人は運命を越えることができる。すべてが必然ならそこに希望もないけれども、そうではないと思えるのは、人間は無から形成する力をもっているからです。それが生きるということだということでしょう。

三木は、愛と対比させながら、希望を語ります。

愛は私にあるのでも相手にあるのでもなく、いわばその間にある。間にあるというのは二人のいずれよりもまたその関係よりも根源的なものであるということである。それは二人が愛するときいわば第三のもの即ち二人の間の出来事として自覚される。しかもこの第三のものは全体的に二人のいずれの一人のものでもある。（新潮文庫、一四八頁）

「間にある」という表現は「孤独について」ではカッコでくくって強調されていました。ここでも強い意味があるものとして読んだ方がよいでしょう。ここでいう「間」とは、人と人とにはさまれているような空間のことではなく、人と人との関係を成り立たせているような場として考えられています＊。

愛する当事者にとっての愛は、私の愛情であり、相手の愛情であり、また、二人のあいだに生まれた出来事であるように感じられるけれども、「二人のいずれよりもまたその関係よりも根源的なものである」。だから、それは私と相手と、二人の出会いを包み込むようなものであるはずだ、と三木は考えます＊＊。

> 希望にもこれに似たところがあるであろう。希望は私から生ずるのでなく、しかも全く私の内部のものである。真の希望は絶望から生じるといわれるのは、まさにそのこと即ち希望が自己から生じるものでないことを意味している。絶望とは自己を抛棄《ほうき》することであるから。（新潮文庫、一四八頁）

希望も愛に似ていて、「私の内部のもの」でありながら、私から生じるのではないのだといいます。だから、自己を放棄する絶望によっても、希望を消し去ることはでき

＊「間」については、「孤独について」で次のように書いている。「孤独は山になく、街にある。一人の人間にあるのでなく、大勢の人間の「間」にあるのである。孤独は「間」にあるものとして空間の如きものである。」新潮文庫、七三頁。

＊＊章末注1参照。

ない。むしろ、絶望的状況から希望が生じると言っています。

希望は失うことができない

なぜ希望は失われないのか。それは個人の主観から生じるのではなく、他から与えられるものだからだと三木は言います。

自分の持っているものは失うことのできないものであるというのが人格主義の根本の論理である。しかしむしろその逆でなければならぬ。自分に依るのでなくどこまでも他から与えられるものである故に私はそれを失うことができないのである。近代の人格主義は主観主義となることによって解体しなければならなかった。（新潮文庫、一四九頁）

「どこまでも他から与えられるもの」だから失うことができないという考え方は、決して、他人まかせとか、他人に従属するということではありません。人は一人では生きられない、人はつねにつながりのなかにあるということです。そうしたことと、自分の人生を生きることとは矛盾しません。

三木の進路決定に影響を与えた西田幾多郎『善の研究』には、パウロの「すでにわれ生けるにあらず基督我にありて生けるなり」という言葉が引かれています＊。それは、「私が生きているのではなく、私のなかにあるイエス・キリスト（他者）が私を生きる」というような意味です。人は個人として完結しているものではないという認識です。浄土仏教の他力という思想も、阿弥陀仏＊＊（他者）の救いの手が差し出されていることに気づくのが信仰だというものですが、それとも似ているかもしれません。

＊章末注2参照。

＊＊三木の遺稿に『親鸞』がある。全集第十八巻所収。

アドラーの言う共同体感覚も、人はつながっている状態が本来のあり方だという考え方です。それは、人間は一人で生きていくにはあまりに弱い存在だからやむをえず協力していくということではなくて、人は存在論的なレベルで一人では生きられないということです。事実、私たちは誰も一人で生きているわけではないのです。人は個人として完結しているものではないのです。

希望の確かさ

たとえば、絵描きになりたいという希望を持った貧乏な家の青年が、親に自分の行く先の相談をしたとき、親は絵描きでどうやって暮らしていけるのか、希望は現実とは違うのだと反対しそうです。しかし三木なら、希望と現実は違うといっても、人生ほどの確かさはあるではないかと言います。

希望の確かさについては、さらに次のように言っています。

人生問題の解決の鍵は確実性の新しい基準を発見することにあるように思われる。（新潮文庫、一四九頁）

確実性の新しい基準とは、必然や偶然というこれまでの基準とは違うものでなければなりません。人生は必然的なものではないので、必然に確実性を求めることはできません。また、すべてがまったくの偶然によるのであれば、確実か不確実かなどについて考えることすら無駄です。

三木が考えているのは「生成するものの論理」でした。この時点では『構想力の論理』としてまとめられる予定でしたが、三木の早すぎた死によって中断されたままとなりました。確実性の新しい基準の発見は、三木の死後の時代を生きている私たちにゆだねられました。

断念することと希望すること

スピノザのいったように、あらゆる限定は否定である。* 断念することをほんとに知っている者のみがほんとに希望することができる。何物も断念することを欲しない者は真の希望を持つこともできぬ。（新潮文庫、一五〇頁）

*スピノザ（一六三二―一六七七）はオランダの哲学者、主著『エチカ』。三木は論文「スピノ

最後の最後になって、「断念」ということが語られます。しかも形成は断念であり、それが人生の知恵であるとされています。

ここで三木が「希望」にも「断念」にも、「ほんとに」「真の」と限定をしていることに注意する必要があります。すべてを最初からあきらめているような人は、本当の意味で断念することを知らない。逆に、なにも断念できないような人は、真の希望をもつことができない。何かを断念することで別の道に希望を見出す、それが人生の知恵だというのです。

三木にとって、断念することはネガティブなことではなく、それも形成なのです。私は「ニーバーの祈り」**を思い出します。

「ニーバーの祈り」（神学者・大木英夫の訳）

神よ
変えることのできるものについて、
それを変えるだけの勇気をわれらに与えたまえ。
変えることのできないものについては、
それを受けいれるだけの冷静さを与えたまえ。

ザに於ける国家と人間」でも、「有限なる因果は個体の因果であり、個体は限定を含み、然るにスピノザによればあらゆる限定は否定にほかならない」（全集第二巻、三二五頁）と書いている。ここでの趣旨は、すべてを同時に実現することはできないので何かを具体化するとは他の可能性の否定を伴うという意味。

**アメリカの神学者、ラインホルト・ニーバーの作とされる祈りの言葉。大木英夫訳を引いた。

そして、
変えることのできるものと、変えることのできないものとを、識別する知恵を与えたまえ。

できないことはできないと知ることは、真の希望にとって不可欠なのです。若いときには、あれもやりたい、これもなしとげたいと、多くの希望、いや、期待や欲望をもつものですが、現実にはできることとできないこと、かなう夢とかなわない夢があります。現実を目の当たりにしてあきらめていく人も多いでしょう。ある一定の年齢になれば誰しも思い当たるほろ苦い記憶があることと思います。

けれども、最後に残ったものが本当に自分の希望していたものなのだと思えるような人生であれば、どれほど多くの夢をあきらめたとしても、夢をかなえた人生だと言えるのではないでしょうか。

あのとき、ああしていればよかったのに、あれができればよかったのに、といつまでも断念できない人がいます。若いころの希望、夢にこだわって、それが実現できなかったことを悔やみ続けることで、今の人生を棒に振ってしまうとしたら、それは残念なことです。

また、長く続けてきたことが、それは自分にとってふさわしいことではないことがわかって、道を変える決断をすべき場合でも、断念できない人は多い。もう少しやれば何とかなる、成功するはずだと、自分でも半ばはこれではだめだろうとわかっていても、その道を断念しない人もいるでしょう＊。

＊章末注3参照。

「断念することをほんとに知っている者のみがほんとに希望することができる」という言葉は、幾度も挫折を経験しながらも、希望を失うことのできなかった三木清ならではの人生の智慧だろうと思います。

〈注〉

（1）「哲学的人間学」より抜粋。

「普通には個人心理的に考察されている情念の多くは実はかくの如き社会心理的なものである。例えば私の経験する愛情である。これは決して単に個人的なものでなく、却って私は汝に対して愛を感ずるのであり、汝の存在と汝に対する私の関係を予想している。私の汝に対する愛情は民族心理の如きものと同じ性質のものでない、けれども私は汝の存在を予想することなしには愛情を感ずることもないであろう。この愛情に於て私と汝とは平均化され一様化されるのでなく、却って私と汝とは独立の人格として認められつつ結び附くのである。」

（全集第十八巻、三八二頁）

（2）西田幾多郎『善の研究』第十一章末尾より。

「しかし更に一歩を進めて考えて見ると、真の善行というのは客観を主観に従えるのでもなく、また主観が客観に従うのでもない。主客相没し物我相忘れ天地唯一実在の活動あるのみなるに至って、甫めて善行の極致に達するのである。物が我を動かしたのでもよし、我が物を動かしたのでもよい。雪舟が自然を描いたものでもよし、自然が雪舟を通して自己を描いたものでもよい。元来物と我と区別のあるのではない、客観世界は自己の反影といい得るように自己は客観世界の反影である。我が見る世界を離れて我はない（実在第九精神の章を参看せよ）。天地同根万物一体である。印度《インド》の古賢はこれを「それは汝である」Tat twam asiといい、パウロは「もはや余生けるにあらず基督《キリスト》余に在《あ》りて生けるなり」といい（加拉太《ガラテア》書第二章二〇）、孔子は「心の欲する所に従うて矩《のり》を踰《こ》えず」といわれたのである。」（『善の研究』岩波文庫、一九八二年、一九三頁）

（3）「今日の国民倫理」より。

「人生においては、進むことが大切であるように、退くことが大切である。如何に退くかということは、如何に進むかということよりも一層むずかしいともいえるであろう。たとえば戦争において、万一退却しなければならぬ場合には思い切って一定の拠点まで一度に退却して、陣容を整え、逆襲に転ずるようにすべきであって、敵に押されながら少しづつ退却するというのは、損害が大きく立直りも容易でないといわれるが、人生においてもまた同様である。言い換えると、ヂリ貧が最も悪いのである。

今日、国民の生活は次第に窮屈になってゆく。あれも断念しなければならず、これも代用品で済まさなければならない。かような状態において外部から押されながら一寸延ばしに、我々の生活を縮小してゆくということは、正しい遣り方ではないであろう。それでは、生活の真の合理化はできない。むしろこの際思い切って一定の拠点まで一度に生活を引き下げて考えるべきであって、そこに立脚して初めて生活の新しい設計が可能であり、そしてそこから逆に少しつつでも積極性を獲得してゆくようにするのが宜《よ》いのではないかと思う。そうして初めて、退くことが進むことになるのである。

外部の事情が迫ってくるままに一寸延ばしに自分の生活を縮小してゆくというような態度では毎日不平ばかり言っていなければならないであろう。今は誰もが覚悟を定めるというのは、思い切って一定拠点まで一度に引き下がって自分の陣容を整え逆襲に転じ得る積極的な態勢を作るということである。これを倫理的な言葉で言い表わすと、主体の確立ということになる。かような主体の確立が現在、国民のすべてに要求されている倫理である。

主体を確立するためには、既にいったように、思い切って一定の拠点まで一度に引き下がらなければならない。これを可能にするものは各自の体験する危機意識である。この危機意識が国民のすべてに深く体験されなければならない。一寸延ばしにやってゆくというような、虫の好い考え方が克服されなければならない。ヂリ貧が最も悪いことは政治においても、経済においても、日常生活においても同じである。」（全集第十五巻、四五五〜四五六頁）

あとがき

白澤社からプラトンの『ティマイオス／クリティアス』を上梓したのは二〇一五年の十月でした。翻訳の完成まで四年かかりました。長年の仕事を終えほっとしたのも束の間、新たな企画が提案されました。戦前化しつつある状況下を生きる現代人の生き方を問い直すべく、『人生論ノート』を読み解くというものです。

私は一も二もなくすぐにこの申し出を受け、『三木清『人生論ノート』を読む』（二〇一六年六月刊行）としてこの企画は結実しました。本書『希望について』はこの『三木清『人生論ノート』を読む』の続編です。

どちらも出版までにはかなり難航しました。秀逸なタイトルに惹かれて『人生論ノート』を手にする読者の多くが経験するように、一読してすぐに意味を取れない晦渋《かいじゅう》な書き方がされている箇所が多々あるからです。

序でも触れましたが、二〇一七年は三木清の生誕百二十年の節目に当たります。そのこともあって、ＮＨＫ・Ｅテレ「１００分de名著」で取り上げられたのですが、すぐに「番組史上もっとも難解なテキスト」であると制作スタッフの間で言われるようになりました。打ち合わせをする時に「難しい」という言葉が出なかったことは一度もありませんでした。

それでも一種、使命感を持って本書を読み解こうと思ったのは、三木はあえて晦渋な書き方を選んでいるのであって、三木は自分が書きたいことを書きたいように書いたのではないことを知ったからです。時に晦渋でレトリックを駆使した書き方をしていても、見ていかなければならないのは三木が伝えようとしていることであって、いわば三木の指先ではなく、その指が指し示す先にあるものなのです。一体、三木は何を念頭に置いて書いているのかと考えながら読み始めると、深い霧の向こうに三木が立ち現れてきました。

三木の生きた時代はもとより今の時代も、正論をいうことは容易ではありません。しかし、たとえ自分だけが周囲と意見、考えを異にすることがあっても、自ら判断し主張できるために他者の感情に流されることなく、自分の人格、知性、内面の独立を守ることが大切です。

三木は孤独について論じた章で、アウグスティヌスの言葉を引いて次のように言っています。

「アウグスティヌスは、植物は人間から見られることを求めており、見られることがそれにとって救済であるといったが、表現することは物を救うことであり、物を救うことによって自己を救うことである。」

三木はここで、物言わぬ、あるいは言えない人を植物に喩えているように読めます。そのような人の声を表現することが、その人を、そして自分自身を救済することになると三木は言うのです。

三木は敗戦後も釈放されることなく、誰にも看取られることなく獄死しました。もはや言葉を発することができない三木に代わって三木が言おうとしたことを読み解き表現することが、三木を救うことになるのであり、私たち自身をも救うことになるのです。

序の中でも引きましたが、三木は「私は未来へのよき希望を失うことが出来なかった」と言っています。その生涯において幾度も挫折を経験し、最後は悲劇的な死を遂げた三木ですが、それでもなぜ希望を失うことができなかったのか、三木が生きた時代に酷似しているいま、どうすれば私たちも希望を失わずに生きられるのか。本書が、このような問いに対する答えを『人生論ノート』から読み取ることの一助になることを切に望んでいます。

今回も白澤社の吉田朋子さんと坂本信弘さんに何から何までお世話になりました。お二人との東京、京都での激論が本書を生み出しました。ありがとうございました。

二〇一七年三月

岸見一郎

《著者略歴》

岸見 一郎（きしみ いちろう）

1956 年、京都生まれ。京都大学大学院文学研究科博士課程満期退学（西洋哲学史専攻）。現在、京都聖カタリナ高校看護専攻科（心理学）非常勤講師。

著書に『嫌われる勇気』『幸せになる勇気』（古賀史健と共著、ダイヤモンド社）、『よく生きるということ 「死」から「生」を考える』（唯学書房）、『生きづらさからの脱却』（筑摩書房）、『三木清『人生論ノート』を読む』（白澤社）、訳書に『人生の意味の心理学』（アドラー著、アルテ）、『ティマイオス／クリティアス』（プラトン著、白澤社）など多数。

希望《きぼう》について――続《ぞく》・三《み》木《き》清《きよし》『人生論《じんせいろん》ノート』を読《よ》む

2017 年 4 月 14 日　第一版第一刷発行

著　者　岸見一郎

発行者　吉田朋子

発　行　有限会社 白澤社《はくたくしゃ》

〒112-0014　東京都文京区関口 1-29-6　松崎ビル 2F

電話　03-5155-2615 ／ FAX　03-5155-2616 ／ E-mail : hakutaku@nifty.com

発　売　株式会社 現代書館

〒102-0072　東京都千代田区飯田橋 3-2-5

電話　03-3221-1321㈹／ FAX　03-3262-5906

インタビュー・構成　坂本信弘

装　幀　装丁屋KICHIBE

印　刷　モリモト印刷株式会社

製　本　株式会社越後堂製本

用　紙　株式会社市瀬

白澤社《はくたくしゃ》 刊行図書のご案内

発行・白澤社　発売・現代書館

白澤社

白澤社の本は、全国の主要書店・オンライン書店でお求めいただけます。店頭に在庫がない場合は、書店にご注文いただければ取り寄せることができます。

三木清『人生論ノート』を読む

岸見一郎 著

定価1800円＋税
四六判並製、224頁

死、幸福とは何か。虚栄心と名誉心、怒りと憎しみ、愛と嫉妬、孤独などの感情とは何か。人間だからこそ生じるこうした感情について、三木清は、どのように考え何を読者に伝えようとしたのか。敗戦の混乱のなか獄死した卓抜な哲学者・三木の珠玉の人生論『人生論ノート』を、『嫌われる勇気』の著者・岸見一郎が読み解く。

ティマイオス／クリティアス

プラトン 著／岸見一郎 訳

定価2200円+税
四六判上製、224頁

宇宙創造を物語るプラトンの『ティマイオス』は、プラトンの著作中、もっとも広く長く読み継がれてきており、西洋思想に今もなお甚大な影響を与え続けている。その続編の『クリティアス』はアトランティス伝説で有名な未完の書。古代ギリシアの叡智が語る壮大な自然哲学、久々の新邦訳。

憲法のポリティカ
—哲学者と政治学者の対話

高橋哲哉・岡野八代 著

定価2200円+税
四六判上製、256頁

民主主義と平和主義の種を潰すような企てに危機感をもち発言し続けている哲学者と政治学者が、自民党改憲案をはじめ、死刑、天皇制、沖縄問題、マイノリティの権利、人道的介入の是非など憲法をめぐるさまざまな問題の核心に、護憲か改憲かの枠組みを越えて斬り込む。法律論とは異なるアプローチで語りあったロング対談。